Martin Flesch

Die BETROFFENEN

Martin Flesch

Die BETROFFENEN

Seelische Leidensräume in der katholischen Kirche

echter

Gewidmet

Johannes
David
Elias
Mirijam

– meinen Kindern, die mich einen
Humanismus
jenseits der Kirche lehren –

– und denen ich selbst
die allgegenwärtigen Spuren
des Universalen Christus vermittele –

Der Umwelt zuliebe verzichten wir bei diesem Buch auf Folienverpackung.

Bibliografische Information der Deutschen Nationalbibliothek

Die Deutsche Nationalbibliothek verzeichnet diese Publikation in der Deutschen Nationalbibliografie; detaillierte bibliografische Daten sind im Internet über ‹http://dnb.d-nb.de› abrufbar.

1. Auflage 2022

www.echter.de

Umschlag: wunderlichundweigand.de
Umschlagbild: © hikrcn / shutterstock.com
Innengestaltung: Crossmediabureau, Gerolzhofen
Druck und Bindung: Booksfactory

ISBN
978-3-429-05791-6
978-3-429-05230-0 (PDF)
978-3-429-06583-6 (ePub)

Inhalt

Vorwort

WIR

Menschen jeglicher Herkunft, jeden Alters und Geschlechts kommunizieren stetig miteinander. Unsere Kommunikationsmuster bilden einen Teil unseres Persönlichkeitsprofils ab, wir wollen beachtet, angenommen und wertgeschätzt werden. Unsere narzisstischen Grundbedürfnisse sind Ausdruck unseres Sprechens und Handelns, oftmals unbewusst. In den verschiedensten Begegnungen leben wir unsere narzisstischen Grundmuster aus, das schafft Abhängigkeiten vielfältiger und komplexer Art. Aus den Abhängigkeiten entstehen wiederum Machtgefälle, ob wir dem zustimmen oder nicht.

Machtgefälle können zielführend, heilsam und stabilisierend wirken, insofern sie sich im Rahmen unserer Kommunikationsstile für alle Beteiligten in Akzeptanz auflösen. Im Falle der Entstehung narzisstischer Ungleichgewichte kann ein manipulativer und missbräuchlicher Einsatz von Machtinstrumentarien wirksam werden – insbesondere dann, wenn die freie Selbstentfaltung und Selbstbestimmung des Gegenübers eingeschränkt, erdrückt oder eliminiert wird. Die hier ablaufenden dynamischen Prozesse sind subtil, sensibel, sehr vielschichtig und oftmals unbewusst – jedoch äußerst wirkmächtig. Diese können auf der emotionalen, verbalen oder auf der körperlichen Ebene zum Einsatz kommen – dann sprechen wir von emotionalem, geistigem oder körperlichem Missbrauch.

Missbräuchlich instrumentalisierte Abhängigkeiten in Beziehungsgefügen überschreiten in der Regel auch Schamgrenzen und führen zu Leidensstrukturen, die die Integrität unserer Seele bedrohen. Im Extremfall folgt daraus eine Traumatisierung, eine Abtötung seelischer Strukturen, manchmal auch ein Suizid.

Die Analyse der missbräuchlichen Strukturen in der katholischen Kirche aus mindestens 70 zurückliegenden Jahren lenkt derzeit den Fokus hauptsächlich auf durch Mitglieder der Kirche verschuldeten sexuellen Missbrauch. Bei genauerem Hinsehen zeigt sich jedoch bedauerlicherweise in einem erschreckenden Ausmaß, dass wir es mit einem ganzen Spektrum von Leidensräumen zu tun haben, die sich auf vielfältigen Ebenen ausdrücken und auch nahezu alle Bereiche kirchlicher Bewegungszweige und Einflussbereiche betreffen.

Eingeschliffene narzisstische Strukturen in der Kirche führen zu Ungleichgewichten und Machtgefällen in Kommunikations- und Handlungsstrukturen. Oft mangelt es an Empathiefähigkeit, Barmherzigkeit, Achtung, Wertschätzung – und insbesondere der Fähigkeit zum Perspektivenwechsel.

Wir neigen im Rahmen der Identifizierung und Analyse von widrigen Strukturen stets zunächst zur Benennung von systemischen Fehlern und Ursachen sowie von dysfunktionalen Mustern und geschlossenen Einheiten. Das ist zwar immer auch hilfreich im Rahmen der Benennung von größer ausgespannten Handlungsbögen und präventiver Erörterungen.

JEDOCH:

Konkreter Missbrauch entsteht in der Regel nahezu ausschließlich auf der konkreten Handlungsebene von kommunizierenden oder agierenden Partnern, jeweils eingebettet in ganz spezifische und die missbräuchlichen Strukturen fördernde oder fixierende Situationskonstellationen. Die ganz persönliche Erfahrung von missbräuchlichen Kommunikations- und Handlungsstilen auf der emotionalen Ebene führt zu ganz persönlichen Schamverletzungen, Traumatisierungen und seelischen und psychischen Leiden. Im Extremfall stirbt das seelische Gefüge, dann sprechen wir von Seelenmord.

Nur die BETROFFENEN selbst können das Ausmaß der ihnen zugefügten seelischen Schmerzen, Traumata und Langzeitfolgewirkungen erfahren, spüren, erleiden und durch Erfahrungsberichte qualifizieren und quantifizieren. Noch immer wird ihnen im Rahmen der sogenannten Aufarbeitungsprozesse der Katholischen Kirche nicht ausreichend zugehört, obwohl sie doch eine eindeutige Botschaft an die konkreten Adressaten aussenden – pausenlos, mittlerweile desillusioniert und erschöpft.

Es ist mehr als Zeit, dass wir den so BETROFFENEN und Leidenden endlich unsere volle Aufmerksamkeit zuwenden, und tatsächlich auch hören wollen, was sie uns, mit ihrer direkten und auch indirekten Botschaft, tatsächlich zu sagen haben und vermitteln wollen. Auf die Fähigkeit, das Gehörte erfassen zu können und auch auf die Motivation, tatsächlich und intensiv zuhören zu wollen, kommt es letztlich an, wenn wir die Botschaften in ihrem Bedeutungsgehalt verstehen möchten.

In diesem Buch kommen daher BETROFFENE zu Wort, im Zentrum steht ihre Schamverletzung, ihr oft bodenloses seelisches Leiden, die Auslöschung ihrer seelischen Strukturen.

Das Buch widmet sich aber auch den komplexen Beziehungsstrukturen von Missbrauchskonstellationen, es nimmt die sogenannten Beschuldigten oder Täterpersönlichkeiten ebenso in den Blick wie die Betroffenen selbst. Denn auch Handelnde und seelisches Leid Verursachende sind oftmals selbst auch BETROFFENE. Dieser Komplexität kann nicht genug Aufmerksamkeit gewidmet werden, insofern man Missbrauch nicht nur makroskopisch, sondern eben gerade im mikroskopischen Bereich beleuchten will und muss. Ein langfristiger Opferschutz kann nur dann zielführend gelingen, wenn wir uns der Hinwendung zu tätlich werdenden Persönlichkeiten im Sinne einer analysierenden und fallbezogenen Täterarbeit nicht verschließen.

Der Autor dieses Buches berührte nun in den zurückliegenden 20 Jahren seiner beruflichen Praxis – sowohl auf Basis seiner leitenden Verantwortung einer forensisch psychiatrischen Klinik als auch im Rahmen seiner gutachterlichen Erfahrung in eigener Praxis – eine Vielzahl von Schnitt- und Handlungsfeldern der katholischen Kirche, aus welcher sowohl zahlreiche Begutachtungen von Priestern, Ordensmitgliedern, Beschuldigten, Verdächtigten, rechtlich bereits Verurteilten und auch Betroffenen hervorgingen wie auch deren längere psychotherapeutische Begleitung in indizierten Fällen.

Die in diesem Buch zum Ausdruck kommenden anonymisierten Leidensgeschichten der Betroffenen beziehen sich somit auf vielfältige Ebenen kirchlicher Strukturen, identifizieren deren missbräuchlichen Charakter und verleihen vor allem den einzelnen Betroffenen eine ganz konkrete Stimme.

Vor allem ihnen, den BETROFFENEN selbst, gilt mein ganz besonderer Dank, für ihre Öffnung, ihre uneingeschränkte Bereitschaft, ihre Geschichte anonymisiert zur Verfügung zu stellen, ihren Mut, Wahrheiten zu benennen und tatsächlich Geschehenes aufzuzeigen.

Ich habe in den zurückliegenden Jahren mit zahlreichen BETROFFENEN gutachterliche Gespräche geführt, viele von ihnen auch psychotherapeutisch begleitet und ihre Anliegen und seelischen Wunden aufgenommen und verschriftlicht. Sie vertreten die einzelnen Bereiche und Ebenen, die Kirche prägen und gestalten.

Auf dieser Basis entstanden zwölf Fallgeschichten, die uns durch das Buch begleiten werden. Aus diesen Narrativen sprechen die Situationsentwicklungen und Missbrauchskonstellationen, die zu konkreten Momenten des seelischen Leidens führen, und letztlich auch die Versuche, unter Rückgewinnung eines gewissen Maßes an Heilung, Stabilität und Hoffnung aus diesen zu entkommen.

Es bleibt dennoch eine Chronik des Leidens.

Die Auseinandersetzung mit diesen komplexen und vielschichtigen Strukturen erfordert Energie, Motivation und Kraft – insbesondere jedoch Kontinuität in dem Bestreben, das Ziel dieser Veröffentlichung nicht aus dem Auge zu verlieren und konsequent diesen Weg zu gehen.

Ich verdanke das Gelingen dieses Projektes einer Vielzahl von Menschen und Persönlichkeiten, die mich anhaltend motivierten, berieten und unterstützten, vor allem jedoch ermutigten, mit diesem Wissen anonymisiert an die Öffentlichkeit zu treten. Sie bestärkten in mir das Gefühl, verpflichtet zu sein, den oft unaussprechlichen seelischen Leiden in anonymisierter, jedoch konkretisierter Form eine deutlich hörbare Stimme zu verleihen.

Ohne die fortwährende emotionale, geistige und spirituelle Unterstützung meiner Frau Ines-Constanze wäre dieses Vorhaben nicht umsetzbar gewesen. Ihr gilt meine große Dankbarkeit, ebenso wie auch meinen Kindern, welche der hier aufgeworfenen Thematik durch kontrovers geführte Diskussionen und Statements eine besondere Färbung verliehen.

Würzburg, den 24. April 2022
am Fest der Barmherzigkeit

Dr. med. Martin Flesch

Facharzt für Psychiatrie und Psychotherapie
Schwerpunkt Forensische Psychiatrie

Gutachterliche Praxis für Begutachtungen
im Straf-, Zivil-, Sozial-, Asyl- und Kirchenrecht

Unverfügbar:

Die christliche Identität
speist sich aus der Verknüpfung
von Selbst-, Nächsten- und Gottesliebe,
von heilsamer Gottesbeziehung
und solidarischer Menschenbeziehung.

Ottmar Fuchs[1]

PROLOG

Ein Mann ging nach Jericho ...

Ein Mann ging von Jerusalem nach Jericho hinab
und wurde von Räubern überfallen.
Sie plünderten ihn aus und schlugen ihn nieder;
dann gingen sie weg und
ließen ihn halbtot liegen.

Zufällig kam ein Priester
denselben Weg hinab;
er sah ihn –
und ging weiter.

Auch ein Levit kam zu der Stelle;
er sah ihn –
und ging weiter.

Dann kam
ein Mann aus Samarien,
der auf der Reise war.

Als dieser ihn sah,
hatte er Mitleid,
ging zu ihm hin,
goß Öl und Wein auf seine Wunden
und verband sie.

Dann hob er ihn
auf sein Reittier,
brachte ihn zu einer Herberge
und sorgte für ihn.

Am anderen Morgen
holte er zwei Denare hervor,
gab sie dem Wirt
und sagte:

„Sorge für ihn,
und wenn du mehr für ihn brauchst,
werde ich es dir bezahlen,
wenn ich wiederkomme.“[2]

I.
ERSTER TEIL

Zum Raum wird hier die Zeit – die narzisstische Urkonstellation

Betroffenheit ist relativierbar

In diesem Buch erheben BETROFFENE ihre Stimme – in ihrer vielfältigen Erscheinungsform.

Betroffenheit ... Ein oftmals funktionalisierter Begriff. Im Zusammenhang mit den widrigen Entwicklungen in kirchlichen Strukturen bekommt dieser Begriff einen ambivalenten und dualen Charakter. Beleuchtet werden dabei zwei Seiten eines dynamischen Vorgangs.

Funktionsträger in der Kirche bekunden in diesen Zeiten an allen Orten, sie seien von den Vorgängen des Missbrauchs, die gegenwärtig in ihr Bewusstsein dringen, betroffen. Erhebliche Schattierungen werden hier geäußert: Von „betroffen", bis „erheblich betroffen", bis „erschüttert" ist zu lesen und zu hören, wobei in der Regel kaum zu erkennen ist, worin diese Betroffenheit eigentlich besteht. Einerseits!

Andererseits geraten auf dieser Wahrnehmungsebene Menschen in den Fokus, die zwar ebenfalls als BETROFFENE attribuiert werden, doch geht es bei dieser so gemeinten Äußerung um ungleich mehr, nämlich um existenziell ausgerichtete und die Seele erschütternde Betroffenheit.

Dass dieser zuletzt genannte Status des Betroffenseins weit über die anfangs genannte Ebene hinausgeht, dabei den tatsächlich BETROFFENEN auch einen Opferstatus verleiht, wird in der Regel tendenziell und in konstanter Regelmäßigkeit von beiden Seiten der Wahrnehmenden gerne vermieden und so auch nicht verbalisiert.

Woher rührt dieses Verhalten?

Ist es die Scham, die uns verbietet, Geschehenes beim Namen zu nennen? Sind es Schuldkomplexe, Verdrängungsmechanismen, oder spielen hier gar Negativismen und Verleugnungsaspekte eine Rolle? Dies trifft sicherlich anteilig zu, aber auch diese Mechanismen besitzen einen Ursprung.

Könnte es sich beispielsweise nicht auch derart verhalten, dass narzisstisch intendierte Beweggründe uns nicht gestatten, zum rechten Zeitpunkt das Richtige zur Darstellung zu bringen – nämlich die Wahrheit?

Um die dynamischen Hintergründe dieser Hypothese besser zu verstehen, bedarf es der Beschreitung einiger Bahnen in das Zentrum des Narzissmus, sich auf den Brennpunkt narzisstischer Urkonstellationen zuzubewegen:

Im Zentrum des Brennglases

Meine therapeutische und gutachterliche Tätigkeit mit den sogenannten BETROFFENEN innerhalb kirchlicher Strukturen in den zurückliegenden 25 Jahren verdeutlicht mir eine vielfältige Problemkonstellationen in der Kirche umspannende, wegweisende Erkenntnis: Missbräuchliche Strukturen erwachsen aus narzisstischen Urkonstellationen und -konflikten.

Bevor wir uns den Fallgeschichten der so BETROFFENEN zuwenden, bedarf es zunächst eines Exkurses, in das Innere gesellschaftlicher Strukturen, aber auch in das Innere von uns selbst. In diesem Zusammenhang ist es nicht unbedeutend, dass gerade das Oberhaupt der Katholischen Kirche, Papst Franziskus, wieder und wieder sowohl auf die narzisstischen Strukturen unserer Systeme, aber eben auch auf unseren eigenen Narzissmus hinweist, als Impulsgeber, als Motor und Basis krisenhafter Entwicklungen in Kirche und Religionsgemeinschaften.[3]

Aus fachpsychiatrischer, aber auch aus soziologischer Sicht ist mittlerweile unbestritten, dass die an zahlreichen Faktoren zu beobachtende Zunahme des Narzissmus in den zurückliegenden Jahrzehnten mitverantwortlich ist für die steigende Kränkbarkeit moderner gesellschaftlicher Strukturen. Die Analyse zahlreicher Studien belegt ein rasantes und quantitatives Ansteigen der sogenannten Narzissmusparameter.[4] Um hier nur einige zu nennen, dürfte es sicherlich hinreichend bekannt sein, dass der ausufernde Kapitalismus, die darauf folgenden Finanzcrashs (auf Basis narzisstischer brüchiger und nicht immer tatsächlich existenter Strukturen), die stetige Vergrößerung der Armutsschere und die unaufhaltsame Zerstörung des globalisierten Lebensraumes der kommenden Generationen zunehmend mehr salonfähig werden. Fatal ist in jedem Falle, dass sich der Narzissmus gesellschaftlich zunächst etabliert hat, dann idealisiert wurde und gegenwärtig als demokratisiertes Phänomen zu betrachten ist. Dagegen traten die für die gesellschaftliche Stabilität unerlässlichen „Tugenden", wie Demut und Bescheidenheit, Barmherzigkeit und Empathiefähigkeit zunehmend zugunsten eines rasant anwachsenden Bestrebens, sich selbst zu verwirklichen in den Hintergrund.

Das Maß der narzisstischen Durchdringung kann an dem Anstieg kollektiver Kränkung gemessen werden, auf Basis einer stetig zunehmenden Verletzlichkeit bei gleichzeitiger Abwertung anderer Individuen.

Narzissmus in seiner ureigensten Form

Eine der eingängigsten Definitionen von Narzissmus kann von Alexander Lowen (dem Begründer der Bioenergetischen Analyse) abgeleitet werden, welcher in einem seiner Hauptwerke „Narzissmus – die Verleugnung des wahren Selbst" zu dem Schluss kommt: „Als Narzissmus bezeichnen wir sowohl einen psychischen als auch einen kulturellen Zustand. Auf der individuellen Ebene bezeichnet er eine Persönlichkeitsstörung, die durch eine übertriebene Pflege des eigenen Images auf Kosten des Selbst gekennzeichnet ist. Auf der kulturellen Ebene kann man den Narzissmus an einem Verlust menschlicher Werte erkennen, an einem Fehlen des Interesses an der Umwelt, den Mitmenschen, an der Lebensqualität."[5]

Papst Franziskus hat kurz vor seiner Wahl im Konklave den Narzissmus für die anhaltende Krise der Kirche und der Religionsgemeinschaften verantwortlich gemacht – als Priester und Kardinal, nicht als Psychologe, Psychopathologe oder Psychiater.

Die wichtigsten Elemente, welche die Strukturen des Narzissmus charakterisieren, sind Egozentrik, Empfindlichkeit, Entwertung anderer, Empathiemangel, Eigensucht und die oft ausbleibende Fähigkeit zum Perspektivenwechsel. Beherrscht der Narzissmus die gesamte Persönlichkeitsstruktur, aus welcher sich sodann die ins Krankhafte verschobenen Denk- und Handlungsmuster ableiten, sprechen wir von pathologischem Narzissmus.

Aber auch im Rahmen gemäßigterer Ausprägungen wirkt der narzisstisch denkende und handelnde Mensch auf seine unmittelbare Umwelt – andere Personen haben für ihn kaum einen Wert, es sei denn, sie dienen seinen eigenen Interessen, nur für seine eigene Persönlichkeit kann er sich begeistern – er ist letztlich im Denken, Fühlen und Wahrnehmen auf sich konzentriert und ausgerichtet.

Der Theologe Karl Rahner beschrieb „den Narzissten" als „Ofen, der nur sich selbst wärmt". Dabei steht häufig jedoch weniger das „In-sich-selbst-Verliebtsein" im Vordergrund (wie der Volksmund meist argumentiert), sondern das gewaltige Defizit an Liebes- und Empathiemangel überhaupt. Tatsächlich liebt der Narzisst auch sich selbst in keinster Weise. Sind ihm doch die authentischen Gefühle von Freude, Trauer, echtem Mitleid und Liebe in Wirklichkeit fremd. Besonders folgenreich wirkt sich dabei die unzureichend ausgebildete Fähigkeit aus, sich in die Bedürfnisse und Belange anderer hineinversetzen zu können. Seine Aufmerksamkeit bleibt durch sein Bestreben nach Anerkennung und Wertschätzung gebunden. Daraus resultiert eine von Fassade und Oberflächlichkeit geprägte Seinsstruktur, oder eben ein „Doppelleben", wobei die eigentliche Not und Bedürftigkeit des Narzissten in der Regel im Tieferen verborgen bleiben.

Narzisstisches Denken und Fühlen fürchtet nichts so sehr wie die subjektiv gefühlte Kränkung. Die Kränkung stellt auf dieser Grundlage eine persönliche Niederlage dar. Infolgedessen gilt es, dem eigenen, von Geltungsbestreben getriebenen Ego, wieder Überlegenheit zu verschaffen, um derart die vormaligen Verhältnisse der Selbstbehauptung wieder herzustellen.

Für nahezu sämtliche Beziehungskonstellationen bedeutet ein narzisstisch geleitetes Kränkungsbewusstsein, dass sie in der Regel von einem zerstörerisch wirkenden Machtgefälle heimgesucht werden. Echte und kongruente Beziehungen können auf dieser Ebene nicht gelebt und gestaltet werden.

Im ungünstigen Fall vermischen sich auf dieser Basis Emotionsmangel, Kränkungspotenzial und erheblicher Empathiemangel zu einer gefährlichen Ansammlung von Persönlichkeitsfaktoren, die im Falle ihres Ausagierens im Sinne einer narzisstisch ausgerichteten Situationsklärung ihr Gegenüber emotional und psychisch schwer schädigen können.

Sind diese persönlichkeitsgebundenen Parameter sodann noch darüber hinaus an dissoziale Denkstile und Handlungsmuster gebunden, die auch unausgereifte und pathologische sexuelle Impulse miteinschließen, ist auch bereits der inhaltliche Bogen in Richtung einer fremdaggressiven und übergriffigen Handlungsbereitschaft gespannt, welche die emotionale und körperliche Grenzverletzung des Kommunikationspartners miteinkalkuliert.

Am Anfang von machtgeprägten Beziehungskonstellationen sowie der daraus folgenden Wahrnehmungs-, Gefühls- und Handlungsketten steht jedoch in der Regel das wirkmächtige Potenzial der narzisstisch intendierten Kränkungsbereitschaft.

Die Kränkung – das Kind des Narzissmus

Es existieren sozusagen kein Streit, kaum irgendein Konflikt und auch keine Krisen, die nicht auf konkret zu benennende Kränkungen zurückzuführen wären. Kränkungen verletzen uns Menschen zutiefst in unserem Selbstverständnis, lösen vielfältiges Leid aus, können den Menschen in Verbitterung und Unversöhnlichkeit zurücklassen und bestimmen nicht selten das Schicksal von Familien, Völkern und politischen Entwicklungen.[6]

Der Schatten einer Kränkung legt sich auf die Leichtigkeit des Seinszustandes und führt zu schwermütigen Existenzformen, aber auch zu Wut und Hassgefühlen sowie auch zu Rachegedanken. Kränkungen verletzen den Menschen in seinem Innersten, im Kern seiner Persönlichkeit. Wir erleben sie als „Generalangriff" auf unser gesamtes Ich. Dann führen sie auch zu Erschütterungen, insbesondere unseres Selbst und seiner vielfältigen Werte. Auf diese Weise entsteht ein immerwährender Kreislauf, ein Circulus vitiosus, aufrechterhalten durch eine zermürbende Spirale.

Somit stehen Kränkungen fast immer am Anfang von Demütigung und Rache, von Auseinandersetzungen und daraus folgender Feindschaft, aber oft auch am Beginn von anhaltendem seelischem Leid und psychischer Krankheit. Bekanntlich ziehen sich insbesondere kollektive Kränkungen durch die gesamte menschliche Geschichte, ihre jeweilige Destruktivität bestimmte durch mannigfaltige kriegerische Auseinandersetzungen das Schicksal von Völkern und Kulturen.[7] Ihre Botschaft drückt sich auch in zahlreichen künstlerischen Darstellungen aus, ohne diesen „Kränkungsstoff" wären sicherlich auch nicht wenige Meisterwerke der Welt- und Theaterliteratur nicht denkbar.

Nur der Vollständigkeit halber sei an dieser Stelle vermerkt, dass das erste, am Anfang der biblischen Menschheitsgeschichte stehende Verbrechen im Alten Testament einen Brudermord darstellt, der Mord von Kain an Abel, auf dem Boden einer tiefen persönlichen Gekränktheit. In diesem Zusammenhang könnte man die Kränkung auch als das Urmotiv des Urverbrechens bezeichnen, wie der österreichische Psychiater Reinhard Haller treffend bemerkt.

Kränkungen sind jedoch in unser aller Leben universell existent und repräsentieren ein eklatantes zwischenmenschliches Problem. Sie lassen sich weder zielführend verdrängen, noch auf Dauer tabuisieren und verschonen. Auch der Tod des Menschen selbst wird von nicht wenigen als unfassbare Kränkung empfunden.

Unser alltägliches Leben bleibt häufig durchdrungen von mangelnder Wertschätzung, von psychischen Verletzungen und vielfältigen Enttäuschungen. Wenn wir uns den eigentlichen Prozess der Kränkung näher vergegenwärtigen, so bleibt es unabdingbar zu betonen, dass die Kränkung wesentlich mehr ist als nur ein negativ gefärbtes Gefühl oder ein ebensolcher Affekt. Sie besteht stets aus einer Interaktion zwischen einer kränkenden und einer gekränkten Person und dem jeweiligen Inhalt der Kränkung. Daher besitzt sie in unserer zwischenmenschlichen Kommunikation als einer der wichtigsten sozialen Mechanismen die Bedeutung einer sogenannten „psychologischen Großmacht", welche sich weitaus stärker auswirkt als andere Affekte, wie beispielsweise Ärger oder Unzufriedenheit, und stets nachhaltiger als Zorn und Wut – aber auch folgenschwerer als Frustration und Trauer.[8]

Kränkungen quälen neurotisch veranlagte Menschen, sie hetzen Querulanten, ja, sie motivieren Amokläufer und Terroristen und stabilisieren die Kriegstreiber und Diktatoren.

Kränkungen haben eben aber auch ein süchtiges Potenzial, nämlich nach Macht und Machterhalt, und nach dem Verteidigungs- und Besitzstreben einmal angeeigneter und überkommener Machtstrukturen. In diesem Zusammenhang zementieren sie bereits eingetretene Machtgefälle auf vielfältige Weise.

Innerhalb kirchlicher Strukturen lassen sich derart wirksame und machtbetonte Muster unter ganz verschiedenen Gewändern wiederfinden. Die dabei ins Auge fallenden Strukturen mögen wir als patriarchalisch, klerikal oder geschlechterbetont und dualistisch identifizieren, sie stehen in jedem Falle als Platzhalter für mächtig wirksame Kränkungspotenziale, die sich sicherlich nicht mehr nur anhand historisch gewachsener Strukturen ausreichend erklären lassen.

Das Bindeglied zwischen Kränkungen und Machtsuche (oder Machtsucht) ist u.a. auch darin zu suchen, dass gerade kollektive

Gefühle der Kränkung, der Erniedrigung und der Scham nicht zu unterschätzende und gewaltige soziale Energien darstellen, die nicht nur zu generationsübergreifenden Feindschaften zwischen Völkern, sondern auch – was die Geschichte eindrücklich belegt – innerhalb und außerhalb geschlossener Systeme von Religionsgemeinschaften führen.

Solche Erkenntnisse sind natürlich nicht neu, wir finden sie auch bei Kirchenlehrern und anderen weitblickenden Persönlichkeiten der Kirchengeschichte. Hier wäre, um nur ein Beispiel zu nennen, auf die Mystikerin und Universalgelehrte Hildegard von Bingen hinzuweisen, insbesondere auf deren Weisheit über die krankmachende Wirkung der Kränkungen und den leidbringenden Effekt von Beleidigungen.

Neu ist auch nicht die Feststellung, dass zahlreiche psychische Störungen aus nicht überwundenen, verdrängten oder gar unbewusst gebliebenen Kränkungen resultieren, ein Umstand, der sich oft auf der Basis der sogenannten narzisstischen Wut erklären lässt.[9]

Unverarbeitete narzisstische Kränkungen führen oftmals zu heftigen Gefühlsreaktionen. Die Ansammlung wiederholter Kränkungsgefühle kann zu einem Aufstau von Wut- und Ärgergefühlen führen, die sich schließlich auch in das Gewand des Hasses kleiden können. Kleinigkeiten und nichtige Anlässe bringen dann Wutausbrüche, sogar auch Hasstiraden hervor. Vielen, von Kränkungserlebnissen Betroffenen, ist dann der eigentliche Bezug zu tief verwurzelten, aber dann wieder aufbrechenden Kränkungsängsten überhaupt nicht bewusst.

Der österreichische Psychiater Haller führt in seinem Band „Die Macht der Kränkung“ ganz zurecht aus, dass der Narzissmus in der Kränkungsproblematik eine absolute Sonderstellung einnehme. Keine andere psychische Störung sei derart eng mit Kränken und Gekränktsein, mit Selbsterhöhung und Entwertung anderer verbunden wie der Narzissmus.[10]

Die unweigerlichen Folgen sehen wir anhand anhaltender Destabilisierungen unserer Gefühlswelt, die dorthin führenden „Taten“

manifestieren sich in Beleidigungen, Scham und Beschämung, Neid, Eifersucht und schließlich auf der Ebene der tiefsten Kränkungsform, der Demütigung.

Auch ein narzisstischer Fußabdruck: der Kampf um die Legitimität von „Heilswahrheiten"

Der Soziologe Michael Ebertz führt in seinem jüngst erschienenen Werk „Entmachtung" im Rahmen seines abschließenden und ausblickenden Schlussplädoyers an, dass kaum etwas derzeit aktive Kirchenmitglieder so ratlos und bestürzt machen dürfte wie die momentanen Konflikte im Innern und auf allen Ebenen der Kirche. Dabei seien diese Gegensätze basal und nicht banal. Sie wirkten desintegrativ, beförderten Austritts- und Distanzierungsneigungen und seien auch destruktiv, sie zerstörten zudem noch die ehedem fraglos geglaubten christlichen Wertbindungen.[11]

In dem Versuch, diese an vielen Orten aufleuchtende Phänomenologie soziologisch zu analysieren, fällt dabei auf, dass diese basalen Konflikte gegenwärtig öffentlich, das heißt, allgemein sichtbar und auch amtlich – sofern sich höchste kirchliche Amtsträger daran beteiligen – geführt werden. Ebertz behauptet, die Diskussionsführer könnten sich dabei unumwunden „vor aller Augen zerfleischen".

Er spricht des Weiteren von Kirchenspaltung angesichts des permanenten Kleinkrieges kirchlicher Organisationen gegen sich selbst, der vielbeschworene Einheitskonsens sei nurmehr Fiktion. Dabei sei „Gott" gegen „Gott" in Stellung gebracht worden. Hierin sieht der Soziologe eine bestimmte Spielart von „Vielgötterei", und zwar nicht nur unter den Laien mit ihrer Lebenspraxis, sondern auch in der religiösen Arbeit der kirchlichen Repräsentanten – und kommt zu dem Schluss, „Gott" könne jedenfalls selbst unter dieser nicht mehr als gleich verstandenen Vorstellungsgröße vorausgesetzt werden. So stelle sich also die Frage, ob die offiziellen Akteure der Kirche jenseits von Glaubensformeln überhaupt noch zu einer Verständigung über den „Allerhöchsten" und das mit ihm assoziierte Heil fähig seien. So werde immer kontroverser diskutiert, was „Gottes heiliger Wille" sei und welche Intimbeziehungen „mit Gottes Segen" und Heilszusage bedacht werden dürften, wie also „richtige" katholische Religion bezüglich der unterschiedlichen Lebensgemeinschaften und Lebensformen zu praktizieren sei.

Wenn also die so skizzierten Konfliktszenarien bereits dahin führen, dass sich die Akteure im innerkirchlichen Feld wechselseitig die religiöse Legitimität absprechen, scheint der eigentliche Heilsauftrag, nämlich die Ausrichtung der an den Kasualien und deren Ausbau orientierten sowie an den Einzelpersonen und ihren Sinnfragen ausgerichteten Kirche, deutlich aus dem Fokus geraten zu sein.

Der soziologische Exkurs fügt im Rahmen seiner Deutungsanalyse dem ohnehin bereits auf dieser Basis destruktiv und desintegrativ einwirkenden Grundansatz noch einen weiteren schweren Hieb auf systemischer Ebene zu, indem kirchlich eingeforderte Machtstrukturen und Deutungshoheiten mit einem „überkommenen staatsanalogen Raumverständnis" sowie mit „flächendeckenden Präsenzansprüchen nach Art geistlicher Polizeireviere" gleichgesetzt werden, in denen Glaube „kontrolliert und diszipliniert" werde, anstatt diesen „wahrhaftig" zu ermöglichen und exemplarisch zu entfalten.

Angesprochen seien hier die sog. traditionellen Normhüter und Normsetzer im Feld der Kirche, die das Christentum als Regelwerk sähen, das zeigen solle, wo es jetzt gerade langgehen solle.

Papst Franziskus hat in seiner Predigt am 15.02.2015 im Rahmen einer Eucharistiefeier mit neu ernannten Kardinälen versucht, diese Konfliktlage symbolisch zu versprachlichen und dabei u. a. dargelegt[12]: *„Es sind zwei Arten von Logik des Denkens und des Glaubens: die Angst, die Geretteten zu verlieren, und der Wunsch, die Verlorenen zu retten. Auch heute geschieht es manchmal, dass wir uns am Kreuzungspunkt dieser beiden Arten der Logik befinden: der Logik der Gesetzeslehrer, d. h. die Gefahr zu bannen durch*

Entfernen der angesteckten Personen, und der Logik Gottes, der mit seiner Barmherzigkeit den Menschen umarmt und aufnimmt, ihn wieder eingliedert und so das Böse in Gutes, die Verurteilung in Rettung und die Ausgrenzung in Verkündigung verwandelt. Diese beiden Arten der Logik durchziehen die gesamte Kette der Geschichte der Kirche: ausgrenzen und wieder eingliedern."

Gerade die letzten Worte der hier anklingenden Botschaft zeigen deutlich auf, dass dem „Wiedereingliedern" jedoch die „Ausgrenzung" vorausging, und selbstredend auch die Frage, worin eben „das Böse" im Gegensatz zum „Guten" bestanden hatte, somit also die Frage nach der tatsächlichen Berechtigung des Ausschlusses.

Man benötigt in der gegenwärtigen krisengeschüttelten Zeit nicht viel Fantasie, um in der Legitimierungsermächtigung bestimmter Funktionsträger über die Entscheidungen von „Einschluss und Ausschluss" oder von „Ausgrenzung und Eingrenzung" eben jene narzisstischen Grundstrukturen zu erkennen, welche auf Basis ihrer Schieflage von durch Legitimation abgeleitetem Machtpotenzial und daraus folgender narzisstischer Kränkung die exkludierende Grenzziehung überhaupt erst ermöglichte.

„Angst essen Seele auf" – der Sündenbockmechanismus

Damit ist der Exkurs durch narzisstisch konfigurierte Dimensionen auf einer Ebene angelangt, welche einen weiteren Parameter identifiziert, der für die anhaltende dualistische Grenzsetzung und die daraus folgende „Ausschließeritis" einen entscheidenden ursächlichen Wirkfaktor repräsentiert – nämlich die Angst.

Die sich aus narzisstischer Wut speisende Angst ist nur die Kehrseite der narzisstisch geleiteten Tendenz, eigene Positionen machtorientiert abzusichern. Damit aber erschafft auch sie missbräuchliche Strukturen – den sog. Sündenbock-Mechanismus.

Der deutschstämmige Franziskanerpater und Gründer des „Zentrums für Aktion und Kontemplation" Richard Rohr stellte die in seinem Buch „Entscheidend ist das UND" zunächst banal anmutende Frage, woran es liege, dass Menschen anhaltend lieblos miteinander umgingen, und was diese so werden ließe, dass sie andere auf oft recht subtile Weise verletzen wollten?[13]

Selbst in dem, was Menschen am dringendsten wollten, machten sie es sich schwer oder verstellten sich völlig den Weg. Rohr führt weiter aus, WIR selbst seien uns die schlimmsten Feinde, nicht nur, dass wir mit unseren Schmerzen und unverarbeiteten Ängsten auf andere losgingen, nein, WIR fräßen sie auch in uns selbst hinein. Damit sperrten WIR uns regelmäßig gegen die Auferstehung und fragten uns dann auch noch, warum wir so unglücklich seien.

Die entscheidende Schlussfolgerung des Franziskanerpaters liegt nun auch darin, dass die – sich aus narzisstischen Grundeinstellungen ableitenden – bösartigen Einstellungen und Hassgefühle in mancher Hinsicht geradezu hilfreich erschienen. Jede negative Haltung wirke sich vielfältig auf scheinbar positive Weise aus, in dem Sinne, dass sie einzelne Gruppen und Gruppierungen auf der Grundlage der Angst zusammenschweiße – viel mehr als die Liebe –, und vor allem dann, wenn WIR unsere eigenen Ängste nicht erkennen würden oder zugäben. Rohr identifiziert die so klassifizierte Angst als Dämon, in versteckter, verdrängter und verkleideter Version.

Damit spricht Rohr einen systemimmanenten Mechanismus und eine sich daraus ableitende Dynamik an, die missbräuchlichen Strukturen in aller Regel großen Vorschub leistet, und nicht selten deren Voraussetzung und dynamische Grundlage abbildet: nämlich die Abwehr oder Vermeidung der „Arbeit am eigenen Schatten“. Denn Angst vereint auch sehr schnell die verstreuten Einzelteile des eigenen falschen Selbst. Das Ego bewegt sich immer auch mittels Widerspruch, Selbstschutz und Verweigerung vorwärts. Dieser Widerspruch schenkt dabei in vielen Situationen vermeintlich Zweck, Richtung und Überlegenheit – somit auch eine fragwürdige Art von Sicherheit. Er nimmt die ziellose Angst, deckt sie zu und versucht sie in Zielgerichtetheit und Dringlichkeit umzuformen. Die daraus resultierende Antriebskraft ist jedoch nicht friedvoll und sie macht auch nicht glücklich, denn sie bleibt gesättigt von Ich-Sucht – wobei wir wiederum bei dem narzisstischen Urkonflikt angekommen wären.

Diese Antriebskraft besitzt zahlreiche Programme, und stets befinden sich die Probleme „da draußen", jedoch niemals „hier drinnen".

Die Seelenentwicklung kommt jedoch nicht mittels Widerspruch voran, sondern erst durch ihre Ausweitung. Sie bewegt sich nicht voran durch Ausschluss, sondern lediglich durch Einschließen. Die Seele sieht letztlich alles mit Tiefe und Weite, sagt zu allem, was ihr begegnet, statt „Nein" eher „Ja". Dieses „Ja" kommt uns aber dabei nicht leicht über die Lippen – denn es setzt stets voraus, dass wir unsere EGO-Schranken fallen lassen – das wiederum widerspricht dem narzisstischen Grundprinzip.

Erst wenn wir selbst lernen, unsere eigenen Muster und die genaue Struktur unserer Angst zu durchschauen, erst dann gelingt es uns, den „Dämon" auszutreiben – indem wir seinen eigentlichen „Namen" kennen und er sich demzufolge dann zeigen kann.

Bei Lukas 8,30 fragt auch Jesus den Dämon von Gerasa: „Wie heißt du?"

Erst dann, wenn die dämonischen Strukturen ihr Versteck im Unbewussten verlassen haben und wir sie in aller Bewußtheit – ohne Abwehrhaltung – ansehen können, verlieren sie endgültig ihre Macht. Das wäre die uns auferlegte „Arbeit am Schatten".

Vorerst aber verharren wir lieber in widersprüchlichen Strukturen, die es uns dann – wie aufgezeigt – ermöglichen, unser Gegenüber abzuwerten, abzuschreiben, auszuschließen, ja auch auszuschalten und subtil und missbräuchlich geradezu zu quälen. Diese Dynamik bestärkt geradezu das Gefühl, die Lage vermeintlich im Griff zu behalten und über eine ganze Reihe sicherer Grenzen zu verfügen. Die narzisstische Wut, der daraus resultierende Hass und die ihm folgende Empathielosigkeit verleihen dann ein Gefühl der Überlegenheit, eine Machtposition. Auch wenn diese Strukturen in der Realität überhaupt nicht bestehen, dynamisch werden sie jedoch stets wirksam. Insofern ist auch an dieser Stelle wiederum Richard Rohr beizupflichten, welcher die Ansicht vertritt, dass wir rascher eine negative Identität finden, als gänzlich ohne Identität auszukommen.[14] Ohne die notwendige Arbeit am Schatten, unserem falschen Selbst, bleiben wir jedoch langfristig an der Oberfläche des Lebens haften, wo Engherzigkeit die sicherste Grenze darstellt und dem Narzissmus gegenläufige Beeinträchtigungen durch unsere Mitmenschen abwehrt.

Der sich auf dieser dynamischen Basis legitimierende Hass ist jedoch sicherlich ein inadäquates Mittel gegen unsere Zweifel und unsere diffusen Ängste, die sich zwangsläufig aus Hinfälligkeiten des menschlichen Daseins ergeben. Aus der Perspektive unserer dynamischen Handlungsebenen ist der Hass eindeutig, er verhindert die Zwiespältigkeit, die der Mensch grundsätzlich ablehnt, und ist somit oftmals verbreiteter als die Liebe selbst und wirkt bisweilen auch, als scheine er deutlich effizienter.

Wir könnten uns nur von uns selbst und voneinander erlösen, so Richard Rohr, indem wir uns zunächst von unserem Bedürfnis nach Hass und Angst erlösen – verstanden im Sinne einer so erlangten vermeintlichen und trügerischen Sicherheit. In der Regel jedoch dominierten die negativen, narzisstisch bestimmten Grundmuster in uns, die derart tief in unserer Persönlichkeitsstruktur integriert seien, dass wir deren heraufbeschworenes Gewand nicht mehr erkennen würden, welches bedauerlicherweise auch daherkomme in Form von religiösen Strukturen. Wir verwendeten auch Religion dazu, unsere Bedürfnisse nach Angst und Hass zu kaschieren.

Und nochmals sei hier Rohr zitiert, welcher zurecht anmerkt, dass vorgebliche Liebe zu Gott oder zu staatlichen Strukturen die raffinierteste Verkleidung destruktiver Energien darstellt, indem sie uns die inneren Ängste nimmt und uns dadurch ermöglicht, unser positives Selbstbild (unser falsches Selbst) anhand einer Art von moralischer Überlegenheit aufrechtzuerhalten, obwohl wir gleichzeitig im Innersten unerlöst, narzisstisch gekränkt und voller Wut zurückbleiben, ohne diesen pathologischen Mechanismus durchschaut zu haben.[15]

Die Voraussetzung unseres Vorstoßes zur „wahren Liebe“ bedingt gleichzeitig, dass wir unserer Fähigkeit, auf Basis von Angst und Hass missbräuchliche Strukturen aufzubauen und zu leben, von Angesicht zu Angesicht gegenüberstehen können. Einfacher scheint uns jedoch, eher einer „Sündenbock-Mentalität“ zu folgen, als uns unseren eigenen negativen Mustern, unserem Schatten, dem falschen Selbst, zu stellen.

Der französische Literaturwissenschaftler René Gírard bezeichnet diesen Mechanismus als „die negative Einhelligkeit eines Einzigen“. Diese Dynamik kommt mittels Bündelung und Projektion negativer Parameter auf eine Person, Gruppierung oder Meinung zum Ausdruck. Diese sogenannte „Sündenbock-Mentalität“ funktioniert immer nur über Ausgrenzung.

Diese Mechanismen finden sich – kaum erstaunlich – am ehesten in durch Autorität und Hierarchie strukturierten Organisationen, die durch das Instrument der Ausgrenzung die vermeintliche Sicherstellung ihrer Positionen anstreben. Insofern liegt auch die Beantwortung der Frage, warum gerade „besonders fromme“ Menschen zu Autorität und Hierarchie eine große Nähe suchen, eben in diesem Ursprung begründet – auch wenn die Vergegenwärtigung dieses Umstandes in der Regel ein merkwürdiges Staunen hinterlässt.

Die Veranschaulichung narzisstischer Strukturen, die sich in ihrer Wandelbarkeit aus Kränkungen, narzisstischer Wut, Angst und Hass nähren, lenken den Fokus damit auch auf das mehr oder weniger bewusst oder unbewusst in uns wirkende Gottesbild.

Das destruktive Potenzial des Gottesbildes

Insofern uns das jesuanische Vorbild weder gewalttätig, gehässig, strafend, peinigend und schon gar nicht kränkend vor Augen gehalten wird, stellt sich umso mehr die Frage, warum wir selbst dann gegenteilig handeln müssen (sollen)? Finden wir nicht gerade hier die Loslösung von sämtlichen narzisstisch intendierten Handlungsmaximen?

Erst die introjizierten und sehr wirkmächtigen Bilder eines strafenden, vergeltenden und verurteilenden Gottesbildes verleihen uns die vermeintliche Berechtigung, auch derart handeln zu dürfen (zu sollen).

Letztlich ist aber von unserem Gottesverständnis alles abhängig.

Darauf verweist auch die von dem Soziologen Ebertz gestellte Frage, ob die offiziellen Akteure der Kirche jenseits von Glaubensformeln überhaupt noch zu einer Verständigung über den „Allerhöchsten" und das mit ihm assoziierte Heil fähig seien.[16]

Die kommunizierten Gottesvorstellungen enthalten nicht nur komplementäre, sondern auch kontradiktorische Elemente.

Wenn von unserem Gottesbild alles abhängt, dann natürlich auch weitere prägende Begrifflichkeiten, wie die „Sünde" als Störung der Mensch-Gott-Beziehung, von der die geistlichen Funktionsträger beanspruchen loszusprechen, und aus der heraus sie auch anteilig ihre Identität beziehen, aber auch das „Heil" als „Gnade", das die Kirche zu verkünden und zu vermitteln hat, sowie auch überhaupt das prinzipielle Interesse an einem Gott.

Wenn bereits die soziologische Forschung die Frage aufwirft, wie sich die Kirche – angesichts des innerkirchlichen Kampfes, der sich als Kampf um die Legitimität der Heilswahrheiten und Heilsgüter entpuppe – im Verhältnis zur gesellschaftlichen und politischen Umwelt definiere, welche in der Gestalt der Laien in ihr soziales Gefüge selbst eingebunden sei, so ruft das natürlich auch die Forderung nach Paradigmenwechsel auf den Plan.

Es geht mit diesen Forderungen darum, das vorwiegend rechtliche Verständnis von „legitimer Liebe" und Sexualität, aber eben auch von Sünde und Heil zu verlassen und damit die vorwiegend – zumindest bis zur Gegenwart – normgeleiteten Erwartungen in wertegeleitete Erwartungen ihrer Mitglieder zu verwandeln.

Die Bereitschaft zu und die Einlassung auf diesen grundsätzlichen Paradigmenwechsel bedürfen jedoch eines Mindestmaßes an

Bewusstwerdung und Introspektionsfähigkeit. Der hier erforderliche Bewusstheitsgrad weiß um die narzisstische Beschaffenheit und Brüchigkeit der bislang normgeleiteten Strukturen und Glaubenswahrheiten, die mit dem Instrumentarium von Machtoptionen, Ausgrenzung, Kränkungen sowie nicht zuletzt von Aktivierung von Scham- und Schuldgefühlen operieren.

Sie weiß auch um die Notwendigkeit, dem eigenen Schatten gegenüberzutreten, und die eigenen Ängste und die eigene Kränkungswut nicht mehr überwiegend ausschließlich in dem Projektionsfeld der Abgetrennten und – da nicht regelkonform – existierenden Ausgegrenzten zu suchen.

Die Wurzellösung

Vorerst scheint aber nach wie vor ein allgegenwärtiges Kontrollbedürfnis Oberwasser zu behalten. Hinter den Strukturen, die den Hass nähren, steckt oft der Wunsch, alles unter Kontrolle zu behalten. Kontrolle befreit jedoch nicht von der Angst, denn selbst Kontrollbesessene fürchten gewöhnlich, noch etwas verlieren zu können. Wenn wir in uns gehen, erkennen wir, dass es in jedem Menschen sowohl einen Rebellen als auch einen Diktator gibt, also die beiden unterschiedlichen Enden ein und desselben Kontrollspektrums.

Nahezu ausschließlich ist es die Angst, die unsere reflexartige Rebellion oder unser Herrschaftsbedürfnis hervorruft. Wie bereits angedeutet, ist diese Angst jedoch schwer zu erkennen, denn unser vordringliches Bemühen richtet sich darauf, die jeweilige Situation in den Griff zu bekommen. Beide Vorgehensweisen entstammen somit einer bloßen EGO-Einstellung und beide Ausgangspositionen sind wiederum nicht frei von Angst, nämlich eben jener narzisstisch gespeisten Angst, die Kontrolle oder die Macht zu verlieren.

Häufig geht es dabei um ein „Tarnen durch Gerechtigkeit“. Dabei soll alles recht vernünftig wirken, dem gesunden Menschenverstand entsprechend und auch intelligent, also derart, dass es dem Anspruch der Sozialordnung, der Moral, der Religion, des Gehorsams und auch der Gerechtigkeit oder der jeweilig fokussierten Form der Spiritualität entspricht.

Wenn der hier bereits zitierte Franziskaner Richard Rohr diesen Sachverhalt so ausdrückt, dass wir unsere Angst bloß in ein hübsches Kleid hüllen müssten und schon brauchten wir uns nicht mehr der Tatsache zu stellen, dass wir Angst hätten, etwas zu verlieren, stellt er zurecht die Frage, um den Verlust wessen wir uns eigentlich tatsächlich sorgten?

Hier scheint eine Unterscheidung der Geister unerlässlich, um den Unterschied zu erkennen zwischen dem, was sich vordergründig abspielt oder vermutlich abspielt, und dem, was wirklich abläuft.

Die Vertretung der Ansicht, dass das Gesetz oder der Gesetzesgehorsam sämtliche spirituellen Probleme lösen könne, wird mit Sicherheit mittel- bis langfristig zu der Erkenntnis führen, dass man spirituelle Fragestellungen sicherlich nicht mehr juristisch lösen kann.

Wir könnten beispielsweise in einer Sache „Gerechtigkeit" fordern, meinten damit jedoch in Wirklichkeit nichts anderes als Rache oder Vergeltung. Das Wort „Gerechtigkeit" besitzt dabei jedoch einen angenehmeren Klang. Derartiger Missbrauch von Worten tritt uns allgegenwärtig digital und öffentlich gegenüber. Dabei bleibt aber immer offensichtlich: Wenn uns jemand Angst gemacht hat, wollen wir ihn das in der Regel spüren lassen oder ihn zumindest auf irgendeine Weise kleiner machen, wobei wir wiederum bei der narzisstischen Abwertung angekommen wären.

Wenn wir aber anhaltend die „Dämonen" in uns selbst leugnen, werden wir auch weiterhin fast immer die Gefühlsebenen auf andere projizieren, die wir in uns selbst nicht sehen wollen.

Solange wir also in unserem eigenen kleinen EGO – in unserem kleinen Selbst – gefangen bleiben, haben wir Angst und bleiben auf dieser Basis auf irgendeine Art von Kontrolle ausgerichtet. Wer niemandem zutiefst vertrauen kann, wird notwendigerweise auch zum Kontrollbesessenen.

Gerade eben aus diesem Grund versucht eine tragfähige und realitätsorientierte religiöse Praxis, die Menschen von ihrem kleinen und zerbrechlichen Selbst zu befreien und sie mit jemandem bekannt zu machen, dem sie vertrauen können. Nur wer einem solchen „Jemand" vertraut, kann so weit kommen, dass er nicht sämtliche Absicherungsmuster anwenden und nicht alle Probleme selbst lösen muss. Er wird dann in die Sicherheit geführt.

Alle übrigen, von diesem Pfad wegführenden, Impulse vergrößern dagegen unser narzisstisches Defizit und aktivieren beständig Angst, Kontrollwahn und Ausgrenzung, schaffen somit in ihrer Gänze missbräuchliche Strukturen auf allen Ebenen.

Wer in sich selbst die Berufung spürt, jesuanische Pfade zu beschreiten und auch „Heil" zu verkünden, sollte sich erst seinen eigenen Ängsten, Vorurteilen und Wutgefühlen stellen, die seine Geschichte mit sich bringt, bevor er segensreich wirken kann. Sonst wird er selbst eher zum Teil des Problems als zum Helfer.

Jesus selbst hat in diesem Zusammenhang den Schmerz der Welt vorsätzlich und bewusst ausgehalten und sich geweigert, ihn woandershin zu senden. Ähnliche Wunden widerfahren auch uns selbst, wenn wir uns mit Empathie und Mitgefühl der Sünde stellen und sie aushalten, statt sie im Hass woandershin zu projizieren.

Wenn Richard Rohr hierzu vermerkt, dass wir nicht dank unserer Stärke, sondern dank unserer Schwäche zu Gott gelangen – nicht also, indem wir alles richtig machten, sondern fast genauso sehr dadurch, dass wir fast alles falsch machten, bleibt dem nichts mehr hinzuzufügen.

Der Sündenbock-Mechanismus funktioniert in der Regel jedoch derart eingespielt, dass vermutlich auch kein Grund zu der Annahme besteht, er werde sich einmal ändern oder gänzlich verschwinden. Das unbewusste Muster der Projektion verhindert, dass wir unsere Selbstzweifel und unseren Selbsthass heimkommen lassen, stattdessen sorgen wir immer wieder aufs Neue dafür, dass diese woanders ihren Ort finden, wo sie bleiben sollten.

Erst dann, wenn wir dieses Muster durchschauen und auch beenden wollen, enden auch dessen unsägliche Folgen.

C. G. Jung formulierte hierzu, Jesus sei gekommen, um zu zeigen, wie man den legitimen Schmerz des Menschseins trägt. In diesem Zusammenhang ist bereits bei einem ersten Anflug von Anklage immer auch Misstrauen angebracht. Anklagendes Verhalten ist immer auch ein Zeichen dafür, dass wir vor uns selbst in unserem eigenen legitimen Leiden davonlaufen.[17]

Der Hass hat die Tendenz, immer höhere Formen der Verfeinerung und immer subtilere Formen der Verkleidung auszubilden – alle möglichen gesellschaftlichen Individuen und Gruppierungen können ebenso anders Ausgerichtete ablehnen, hassen und ausgrenzen.

Ein spiritueller Lehrer meint hierzu, die meisten Menschen glichen Elektroleitungen: was an einem Ende an Elektrizität eingespeist werde, komme am anderen Ende wieder heraus. Sie gäben die gleiche Energie weiter, die man ihnen zugeführt habe. Es gebe jedoch eine Ausnahme, nämlich in Form von Transformatoren. Jesus sei der eigentliche Transformator, ein Verwandler. Er habe die Energie, die auf ihn eingedrungen sei, nicht in genau der gleichen Form wieder abgegeben. Er habe sie in sich gespeichert und aus ihr etwas Besseres gemacht. Er habe neuen und reinen Strom geschenkt.

Insofern die in den zurückliegenden Jahrzehnten um sich greifenden missbräuchlichen Prozesse in kirchlichen Strukturen tatsächlich einer für alle BETROFFENEN spürbaren Reduktion zugeführt werden sollen, bedingt dieses Wollen eine Verschiebung von internen Inklusions- und Exklusionsgrenzen, sowohl von Mitgliedschafts- als auch von Teilhaberregeln.

Wenn Papst Franziskus in seiner Enzyklika „Amoris laetitia" einen überdeutlichen Akzent auf das einzelne Individuum selbst und seine Inklusion setzt und ausführt[18]:

„… es geht darum, alle einzugliedern; man muss jedem Einzelnen helfen, seinen Weg zu finden, an der kirchlichen Gemeinschaft teilzuhaben, damit er sich als Empfänger einer ‚unverdienten, bedingungslosen und gegenleistungsfreien' Barmherzigkeit empfindet."

So müssen wir uns eingestehen, dass andererseits immer noch Rücksichtslosigkeit, Abwertung und Ablehnung fortbestehen, die immer neuen missbräuchlichen Strukturen, zunächst einmal auf der emotionalen und geistigen Ebene, Raum geben.

Erst dann, wenn es gelingt, den Circulus vitiosus narzisstisch gefärbter Urkonflikte zu durchbrechen, den eigenen Schmerz und das eigene falsche Selbst in unserem eigenen Schatten anzunehmen und transformieren zu lassen, somit erlösen zu lassen, werden wir reif und weitblickend für Lösungswege, die vor allem den einzelnen Menschen mit seinen Bedürfnissen, Ängsten, seinem Leiden und seinen existenziellen Fragen in erster Linie annehmen und nicht ausgrenzen, verstehen und nicht relativieren, in den Arm nehmen und nicht mehr des Ortes verweisen.

Nachvollziehbare und unaufhörlich im Fokus öffentlich geführter und synodaler Diskussionen brennende Fragen – ob der Mensch trennen dürfe, was Gott verbunden habe, da unter dem normativen Etikett der Ehe sich die Sozialgestalt gewandelt habe; ob der Mensch verbinden und segnen dürfe, was Gott angeblich nicht verbunden habe; ob Gott inzwischen verbinden dürfe, was er ursprünglich nicht verbunden habe; ob es einen unveränderlichen Plan Gottes für Ehe und Familie gebe; wer die legitime Zuständigkeit besitze, diesen sogenannten Plan, das „Gesetz Gottes" auszulegen und anzuweisen; wem das religiöse Heil zuzuteilen und wem es zu verweigern sei – behalten letztlich nur dann ihren Sinn, wenn sie den Menschen als einzigartiges und unantastbares Individuum in der Heils- und Schöpfungsgeschichte finden und tatsächlich auch verstehen und begleiten wollen.[19]

Sämtliche davon abweichenden Intentionen, sei es, dass sie in dem narzisstisch gefärbten Gewand einer so vorgeblichen Glaubensverteidigung, geschlechterspezifischen Ordnung oder rechtlich verankerten Form von Liebe und Sexualität aufleuchten, schaffen fortwährend missbräuchliche Strukturen auf emotionaler, geistiger und sexueller Ebene und fördern letztlich Empathie- und Perspektivenlosigkeit, jedoch ganz sicher nicht die Annahme des Menschen.

Die Erreichung dieses Zustandes scheint mitunter in weiter Ferne zu liegen, aber bisweilen auch wiederum zum Greifen nahe. Es liegt an uns selbst, zu welchem Zeitpunkt und in welcher Situation wir uns dazu entscheiden, uns erlösen zu lassen und mit weit ausgebreiteten Armen aufeinander zuzugehen.

Der Weg dorthin war und ist mit leidvollen narzisstischen Kränkungen, Machtspielen, Ausgrenzungen und Traumatisierungen gepflastert.

Treten wir also zurück von der Rampe der sich uns öffnenden Bühne des Leidens. Es erwarten uns keine Schauspieler, keine Protagonisten. Zu sehen und zu hören bekommen wir dagegen leidgeprüfte Charaktere. Sie fordern uns auf, mit ihnen zu kommen, sie ein Stück weit auf diesem dünnen Bühnenboden zu begleiten.

Begeben wir uns nun – gemeinsam mit den BETROFFENEN – auf diese Erfahrungswege. Wer fühlen kann, erfasse ES.

Der Geist der Erzählung
ist ein mitteilsamer Geist,

welcher gefällig seine Hörer
überall hinführt,

selbst in die Einsamkeit
seiner aus Worten gesponnenen Gestalten

und in ihr Gebet.

Thomas Mann[20]

II.
Zweiter TEIL

LeidensRÄUME –
eine Chronik

… denn es setzte schließlich eine nochmals
schmerzliche Erkenntnis voraus –
die Erkenntnis, dass Missbrauch nicht etwas ist,
das irgendwo und irgendwann von irgendjemandem
an irgendjemand anderen begangen wird,
sondern dass jede und jeder hätte betroffen sein können,
dass es jede und jeden treffen kann.
Mir selbst und anderen gegenüber einzugestehen, dass auch ich
von Missbrauch betroffen war und für immer sein werde …

Wolfgang F. Rothe[21]

In den nachfolgenden Kasuistiken werden bewusst Namen genannt. Namensnennungen erhöhen die Authentizität und Transparenz der Fallgeschichten.

Die ursprünglichen Namen werden durch Pseudonyme ersetzt. Die hier zur Darstellung kommenden Erfahrungen und Traumatisierungen können auf Menschen, die ganz ähnliche Widerfahrungen durchleben mussten, tatsächlich retraumatisierend wirken.

Diesem Leserkreis wird Selbstachtung und Bedacht geraten. Schattenseiten können nur dann erkannt und überwunden werden, wenn wir uns ihnen stellen und die Wahrheit annehmen. Daher war und ist Transparenz unabdingbar.

Die hier veranschaulichten Fallgeschichten kommen in Form eines Dialoges zur Darstellung, als Arzt/Therapeut-Patientengespräch, BETROFFENE berichten authentisch und offen ihre Leidenswege, der Autor übernimmt die Rolle des Arztes/Therapeuten/Gutachters.

Vorangestellt wird die jeweilige

- Vorgeschichte,
- die Situationskonstellation,
- die existenzielle Situation,
- das Persönlichkeitsprofil

der BETROFFENEN.

DIE EINSAMEN –

Austritt als Prävention?

KASUISTIK 1:

GEORG (39 Jahre)

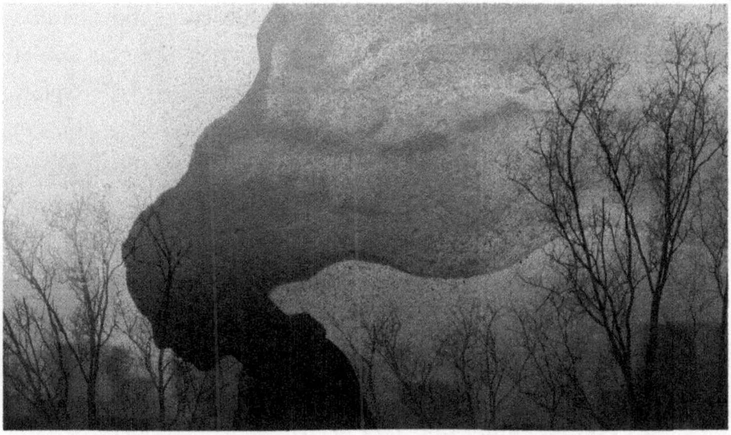

Anamnese:

Als sich GEORG bei uns vorstellte, war er 39 Jahre alt, verheiratet, Vater von zwei Töchtern im Alter von 12 und 15 Jahren. Er arbeitete als selbstständiger IT-Berater für Logistikunternehmen. Zwei Jahre zuvor trennte sich seine Ehefrau von ihm. Die der Scheidung vorausgehende räumliche Trennung erwirkte, dass er als Familienvater mit den Kindern zunächst noch im eigenen Einfamilienhaus verblieb. Nach der ausgesprochenen Scheidung verzogen die beiden Töchter zu ihrer Mutter. Etwa zwölf Monate später lernte GEORG während seiner Projektarbeit für ein Unternehmen eine neue Partnerin kennen, es ergab sich rasch eine neue Beziehung, die er als tragfähig und belastbar erlebte. Nach der standesamtlichen Trauung zog die neue Partnerin auch im Hause GEORGS ein. Bis zu diesem Zeitpunkt fühlte sich GEORG im Schoß der Katholischen Kirche geborgen, blieb im Gemeindeleben integriert und versah regelmäßig Lektorendienste, half als Kommunionhelfer aus und engagierte sich im Pfarrgemeinderat. Nachdem sich herumgesprochen hatte, dass er zum zweiten Mal verheiratet war, mehrten sich kritische Stimmen in seinem katholischen Sozialisationsfeld.

Zu diesem Zeitpunkt erfolgte die Vorstellung in unserer Praxis. GEORG berichtete im Rahmen seiner Erstexploration über Gefühlsschwankungen, über Freudlosigkeit, depressive Symptome, Schlafstörungen und Konzentrationsschwierigkeiten am Arbeitsplatz. Besonders beeinträchtigt fühlte er sich jedoch durch sich langsam einschleichende Kontrollhandlungen, die er im Tagesablauf als unsinnig empfand, den Impulsen musste er jedoch stets – gleichsam einem inneren Zwang – nachgeben. So kontrollierte er unaufhaltsam Elektrogeräte, Lichtschalter, bereits gelöschte Kerzen und versah anhaltend Kontrollgänge im Haus. Tat er diese nicht, litt er unter unerträglichen Ängsten, ohne benennen zu können, worauf sich diese tatsächlich bezogen. Im Laufe der Behandlung stellte sich dann heraus, dass GEORG unter ihn stark belastenden Schuldgefühlen litt, die er sich nur ansatzweise erklären konnte. Nach mehreren therapeutischen Sitzungen kam GEORG auf ein Ereignis zu sprechen, welches etwa vier Monate seiner ersten Vorstellung in der Praxis vorausging und welches er mit den Schuldgefühlen in Verbindung brachte. GEORG war nunmehr bereit, über dieses Ereignis zu sprechen.

Erfahrungsbericht:

Therapeut: *Sie hatten vor zwei Wochen angekündigt, über ein für Sie bedeutsames Ereignis sprechen zu wollen, welches Sie mit Ihren Schuldgefühlen in Verbindung bringen. Wollen Sie daran anknüpfen?*

GEORG: Es war ein Schock für mich. Es hat mich nicht nur persönlich erschüttert, sondern auch meine Einstellung zur Katholischen Kirche enorm in Frage gestellt. Ich habe in den zurückliegenden Jahren viel wegstecken müssen, aber so etwas ist mir im kirchlichen Bereich noch nie passiert. Mein Glaube und meine Spiritualität waren für mich immer mit dem Empfang der Sakramente verbunden. Das ist für mich der zentrale Punkt meines religiösen Lebens. Dazu gehört für mich auch der Empfang des Bußsakraments, die Beichte. In meinem Familienleben gab es viel Konfliktmaterial, viel Streit und dann schließlich die Trennung. Da sah ich auch meinen eigenen Anteil, ich fühlte mich schuldbehaftet. An diesem Tag entschloss ich mich zur Beichte. Nach meiner persönlichen Vorbereitung betrat ich den Beichtstuhl. Ich hatte mir vorgenommen, dem Priester kurz meine Vorgeschichte, meine aktuelle Situation und den Grund meiner Schuldgefühle darzulegen *(GEORG schluckt mehrmals, bricht ab, wendet sich zur Seite, berichtet mit erstickter Stimme, den Tränen nahe, weiter) ... Pause.*

Therapeut: *Was geschah in diesem Moment?*

GEORG: Soweit kam ich erst gar nicht. In dem Augenblick, als ich berichtete, dass ich zum zweiten Mal verheiratet bin, unterbrach mich der Priester ganz abrupt. Er sagte: „Moment, Moment, Sie sind wieder verheiratet?“ Als ich dies bejahte, unterbrach er mich wiederum sehr unwirsch und erklärte, dass er mich dann nicht lossprechen könne. Er äußerte, ich lebte in struktureller Unordnung, sozusagen in Sünde, da könne er nichts machen. Er könne mich lediglich segnen, aber nicht lossprechen. Ich wollte dann zu einer Gegendarstellung ansetzen, er aber ließ mich gar nicht zu Wort kommen, sondern meinte, auch in seinem familiären Umfeld gebe es „solche Fälle“, da würde er genauso handeln, da bräuchte keiner zu ihm zur Beichte zu kommen. Er könne nichts machen ...

Therapeut: *Wie haben Sie die Situation für sich gelöst?*

GEORG: Es gab keine Lösung. Ich fühlte eine ohnmächtige Wut in mir aufkommen. Ich fragte den Priester nach Barmherzigkeit, nach seiner eigenen Lebenssituation. Ob er selbst noch nie der Barmherzigkeit bedurft habe? Er antwortete überhaupt nicht, er sagte nichts mehr. Er fragte mich, ob ich den Segen wolle. Ich bin dann wutentbrannt aufgestanden und habe den Beichtstuhl deutlich hörbar verlassen, ebenso die Kirche. Ich war wütend, frustriert, enttäuscht…

Therapeut: *Wie ging es weiter?*

GEORG: Zunächst habe ich versucht, dieses Erlebnis zu verdrängen. Ich sah mich im Rahmen meines kirchlichen Engagements in der Gemeinde, ich konzentrierte mich auf meinen Glauben, ich versuchte mir klarzumachen, was da eigentlich passiert war. Ich versuchte, das Ganze zu verdrängen. Das gelang aber nicht, meine Stimmung wurde zunehmend schlechter, zunächst nur phasenweise, dann intensiver. Ich konnte mich auf der Arbeit schlechter konzentrieren, geriet leichter in Streit mit meiner Partnerin, meine Lustlosigkeit im Alltag nahm stetig zu. Ich schlief schlechter, machte weniger Pläne. Nach einigen Wochen – ich hatte außer meiner Frau niemanden, mit dem ich konkret darüber sprechen konnte – spürte ich, dass ich von depressiven Gefühlen umfangen blieb. Als ich mich fragte, wie das zu erklären sei, wurde ich immer weiter auf meine Schuldgefühle zurückgeworfen.

Therapeut: *Worauf bezogen sich die Schuldgefühle nach dem Zeitpunkt der missglückten Beichte?*

GEORG: Ich fühlte mich ja vorher schon schuldig, an dem Familiencrash, an der Trennung, nahezu an allem. Nach der misslungenen Beichte wurde es noch schlimmer. Anstatt mir zu helfen, hatte mich der Priester durch seine Art, wie er mir gegenübertrat, fordernd, ohne Empathie, unwirsch zusätzlich in weitere Schuldgefühle gezwängt. Das war mir aber anfangs nicht so bewusst. Je depressiver ich wurde, desto unkonzentrierter und abgelenkter wurde ich. Nach einiger Zeit begann ich, ganz unsinnige Sachen zu machen, die ich früher bei mir nicht kannte. Ich bin von Natur aus sehr ordnungsliebend, früher wurde mir auch mal Pedanterie vorgeworfen. Jetzt tendierte ich aber zu Verhaltensweisen, derer ich mich schämte. Deswegen konnte ich zunächst hier darüber gar nicht sprechen.

Therapeut: *Sie können sich in Ruhe überlegen, ob Sie hier darüber sprechen wollen.*

GEORG: Jetzt muss ich sprechen. Ich fühle die alte Wut wieder, die mich damals im Beichtstuhl befiel, diese Ohnmacht, diese ohnmächtige Wut, die einen in der Kirche machtlos werden lässt. Ich glaube, „ausgeliefert sein" ist der richtige Begriff. Wieso ist man eigentlich den Funktionsträgern in der Kirche so ausgeliefert? „Die" können alles mit einem machen.

Jedenfalls, um zu meinen Handlungen zurückzukehren, ich fing an, zu Hause alles zu kontrollieren. Meine Frau und ich saßen abends bei Kerzenschein auf der Terrasse. Wir hatten zuvor gemeinsam gekocht. Nachdem wir zu Bett gehen wollten, ging ich wieder nach draußen, ich kontrollierte die Kerze auf der Terrasse, das Licht in der Küche, den Herdschalter, die Kerzen im Wohnzimmer, obwohl diese überhaupt nicht gebrannt hatten. Es blieb aber nicht bei diesem einzigen Male. Nachdem meine Frau schon schlief – ich hatte bereits Einschlafstörungen – stand ich erneut auf, machte die gleichen Kontrollgänge.

Therapeut: *Sie meinten, diese Kontrollhandlungen seien mit der Zunahme ihrer Schuldgefühle verbunden gewesen?*

GEORG: Ich kann es mir momentan nur so erklären. Jedenfalls spürte ich, dass die Haltung des Priesters mir gegenüber, nämlich, dass ich in schwerer Sünde lebte, langsam aber kontinuierlich Besitz von mir ergriff. Zunächst war es nur so eine fixe Idee, dann wurde eine Überzeugung daraus, schließlich fing ich an zu grübeln, und dann wurde diese fixe Idee für mich zur Gewissheit: Ich lebe in schwerer Sünde. Das führte dann bei mir dazu, dass ich zusätzlich zu den Schuldgefühlen, die ich bisher hatte, mich einer ganze Wand von Schuld gegenübersah, die immer weiter auf mich zukam. Bisher hatte ich ja geglaubt, diese Probleme mit einem

Priester besprechen zu können, oder über den Empfang der Sakramente erträglicher machen zu können. Aber eben genau diese „Kirche“ ließ mich dann nicht nur im Stich, sondern stieß mich geradezu in eine seelische Krise. Ich fand keinen Mut mehr, mich dort irgendwo und gegenüber irgendeiner Person zu öffnen. Das war vorbei. Das Vertrauen war endgültig aufgebraucht.

Da ich ständig grübeln musste, brauchte ich eine Entlastung. Möglicherweise habe ich mich mit den Handlungen ablenken wollen oder können. Aber, wie gesagt, die waren völlig beschämend für mich. Sie weiteten sich zeitlich aus. Irgendwann wartete ich dann darauf, bis meine Frau eingeschlafen war und begann nahezu jeden Abend mit diesen Kontrollgängen, auf jeder Etage, in jedem Raum, drinnen und draußen, die Haustür schloss ich zehnmal von innen ab. Als ich im Bett lag, musste ich erneut nachsehen, ob sie verschlossen war. Wenn ich mich dagegen wehrte, versuchte, einzuschlafen, bekam ich neue Schuldgefühle, auch Ängste, dass ich da nie wieder rauskomme, wenn ich den Impulsen nicht nachgebe. Schließlich wurde es so schlimm, dass ich dachte, wenn ich die Kontrollhandlungen unterbreche, den Impulsen nicht mehr nachkomme, versündige ich mich noch mehr und lade immer mehr Schuld auf mich. Das war die Hölle. Kurz danach suchte ich einen Psychiater auf.

Therapeut: *Wurde auch die Frage thematisiert, ob eine medikamentöse Stütze hilfreich sein könnte?*

GEORG: Ja, natürlich. Ich wurde dort aufgeklärt, dass ich an einer erheblichen Zwangsstörung leide, und dass es auch zur Zwangskrankheit dazu gehöre, diesen Zwangsimpulsen nicht widerstehen zu können. Ich nahm dann die Empfehlung, Antidepressiva zu nehmen, gerne an. Über das auslösende Ereignis, die Schockstarre bei dem Priester, habe ich gegenüber dem Psychiater nicht sprechen können. Die Scham war zu groß, ich dachte, es gehe ihn nichts an. Ich habe es für mich behalten.

Therapeut: *Haben Sie jemals mit anderen Personen Ihres Vertrauens über diese Zusammenhänge gesprochen?*

GEORG: Nach dem Auseinanderfallen meiner früheren Familie hatte ich nicht mehr so viele Vertrauenspersonen. Frühere angebliche Freunde waren plötzlich nicht mehr da oder sprachen mit mir nicht mehr. Ich konnte also lediglich mit meiner Frau sprechen, die sich schon sehr darüber wunderte, dass ich abends und nachts so oft aufstand und im Haus umherging. Ich konnte ihr lange Zeit nichts von den Zwängen berichten. Dass ich depressiv war, sah man mir äußerlich ohnehin an. Irgendwann habe ich es dann geschafft, ihr die Zusammenhänge von Schuldgefühlen, misslungener oder verweigerter Beichte und Kontrollhandlungen zu erklären. Sie hörte mir sehr lange zu, nahm alles auf, wies mich nicht zurück und zeigte Verständnis. Da meine jetzige Frau jedoch kein persönliches spirituelles Leben pflegt und außer ihrem früheren Kinderglauben keine konkrete Glaubensgrundlage hat, gehört sie auch nicht der katholischen Kirche an. Sie unterstützte interessanterweise bis dato aber mein Engagement in der Kirchengemeinde. Sie war auch in die Gemeinde integriert, dort auch akzeptiert. Die Hauptsache blieb, dass sie mich verstand und meine Entwicklung mitvollziehen konnte. Das gab mir langsam Aufwind. Für mich war aber jetzt ganz entscheidend, dass ich diese Zusammenhänge außerhalb meiner Privatsphäre in einem therapeutischen Setting ausgesprochen habe. Damit habe ich meiner seelischen Bedrängnis sozusagen eine „offiziellen Namen" gegeben. Ich habe weiterhin für mich gesorgt. Ich achte jetzt besser auf mich. Ich habe Maßnahmen ergriffen.

Therapeut: *Wollen Sie über diese Schritte sprechen?*

GEORG: Ich bin aus der Kirche ausgetreten. Ich sehe diesen Schritt momentan als Prävention an. Ich muss seelisch wieder auf die Beine kommen. Ich bin fest davon überzeugt, dass mir meine unerträglichen Schuldgefühle von Christus genommen werden können. Dafür werde ich aber andere Wege finden. Ich habe mich mein ganzes Leben für die Kirche, für die Gemeinde, für die spirituelle Erziehung meiner Kinder engagiert und reingehängt. Ich habe immer investiert, im Bekanntenkreis meinen Glauben verteidigt. Und genau in dem Moment, wo man seelisch am Boden ist, wo man sich auf die Kirche verlässt, als letztem Rettungsanker, um mit der Schuld klarzukommen, genau in diesem Moment wird man brüskiert. Aber nicht nur das, man wird zurückgewiesen in einer Art und Weise, in einer emotionalen Kälte, die ich so noch nie erlebt habe. Das war ein schwerer Schlag, ein Schock. Das möchte ich nicht mehr so erleben. Meinen Glauben habe ich noch, aber das Vertrauen in kirchliche Strukturen ist auf unbestimmte Zeit verloren gegangen. Momentan hat mich die Kirche verloren. Aber zu Christus fühle ich mich noch zugehörig, das wird auch so bleiben.

Therapeut: *Was war der eigentliche Grund für diesen Entschluss, neben dem Vertrauensverlust und der Enttäuschung über die erhoffte und dann doch versagte Hilfe?*

GEORG: *Nach einiger Zeit der Überlegung und des Schweigens:*

Wissen Sie, es war diese Ohnmacht gegenüber dem Priester! Diese Haltung der Funktionsträger, die sich ermächtigen, darüber zu entscheiden, was „Sünde" ist und was Heil verspricht. Diese Empathielosigkeit hat mich am meisten beeinträchtigt und weiter in die Depression getrieben. Es war überhaupt keine Bereitschaft da, mich in Ruhe anzuhören. Ich wurde einfach mit meinem Anliegen nicht wahrgenommen. Es fehlte einfach an Barmherzigkeit. Im Übrigen, emotionale Kälte und Missachtung, Machtgefälle und Anmaßung bilden eine gefährliche Mischung für die Seele, insbesondere dann, wenn sich ein verletzlicher Mensch in kirchliche Obhut begibt. Und verletzlich war ich sehr und bin ich immer noch. Da war der Kirchenaustritt zum jetzigen Zeitpunkt die beste Prävention, psychisch, seelisch und spirituell …

Fluchträume I – Depression und Zwang

Was bei GEORG im Hinblick auf seine Krankheitsentstehung entscheidend ins Gewicht fiel, war seine ganze Hoffnung, die er auf den Empfang des Bußsakraments gestützt hatte. Dort widerfuhr ihm ein Ereignis, welches mit der gesamten Wucht der Zurückweisung und Ablehnung auf seine Schuldgefühle traf. Diese wurden nachfolgend nicht nur keiner Auflösung zugeführt, sondern begannen nach der Verweigerung des Bußsakraments in ihm zu arbeiten. Die ohnehin schon zu diesem Zeitpunkt wirksamen depressiven Gefühle vermischten sich infolgedessen mit einer anhaltenden Auseinandersetzung mit subjektiv empfundener unauflösbarer Schuld.

GEORG begann nun, in grüblerische Phasen zu verfallen, beschäftigte sich häufiger zu Zeitpunkten mit seinen Konfliktfeldern, in welchen er sonst gewöhnlich mit anderen Tätigkeiten befasst war. Diese Entwicklung führte zu Konzentrationsproblemen am Arbeitsplatz und zur Vernachlässigung seiner ehelichen Beziehung.

Er konzentrierte sich immer häufiger auf die ihn belastenden Gedankeninhalte, war zunehmend depressiver gestimmt und litt ab diesem Zeitpunkt auch unter Ein- und Durchschlafstörungen. Das Erleben der Zurückweisung durch den Priester setzte intensive Gedankenschleifen in Gang, welche wiederum sein Grübeln verstärkten und auch die Depression verschlimmerten. Schließlich fand er sich in einem nicht mehr zu durchbrechenden Kreislauf von Schuld, negativen Gedanken, depressiven Gefühlen, Konzentrationsproblemen und Schlafstörungen wieder.

Auf dieser Basis entstanden dann bei GEORG erste Zwangsgedanken, die sich zu Zwangsideen entwickelten und am Ende in konkrete Zwangshandlungen mündeten. Im Rahmen seiner therapeutischen Begleitung war es ihm dann möglich, über diese Zwangsstörung zu sprechen und sich dem Therapeuten anzuvertrauen.

Als Zwangsstörung werden Krankheitsbilder bezeichnet, bei denen Zwangsgedanken und/oder Zwangshandlungen im Vordergrund der Symptomatik stehen. Unter der Bezeichnung „Zwang" werden Vorstellungen, Handlungsimpulse und Handlungen zusammengefasst, die sich einem Menschen aufdrängen und gegen deren Auftreten er sich vergebens wehrt. Zwangserscheinungen werden als dem eigenen Ich zugehörig, jedoch meist als unsinnig und bedrohlich erlebt.[22]

Im psychodynamischen Sinne finden wir bei mit Zwangssymptomen Betroffenen häufig Verknüpfungen von ungelösten/unerlösten Schuldgefühlen und ersten Zwangsgedanken, die sich im weiteren Verlauf zu konkreten Symptomen auswachsen können. Quälende Schuldgedanken werden dann u. U. über Zwangsgedanken oder -handlungen abgewehrt.

Auch dem gesunden Menschen sind zwangsähnliche Symptome nicht gänzlich unbekannt. Beispiele hierfür sind z. B. das gedankliche Beharren auf einzelnen Worten, Sätzen oder auch Melodien. Auch das strikte Bedürfnis nach Aufrechterhaltung einer bestimmten Ordnung oder nach unbedingter Sauberkeit kann zwanghaften Charakter aufweisen.

Krankhafte Zwangsphänomene stellen in ihren verschiedenen Erscheinungsformen (Zwangsgedanken, Zwangsimpulse und Zwangshandlungen) eine Erlebnisweise dar, die einen Betroffenen in seinem gesamten Handeln, Denken und in seinem sozialen Verhalten massiv beeinträchtigen kann. Durch die fortschreitende – und nicht zu durchbrechende – Ausbreitung der Zwangssymptomatik können große Teile des Tagesablaufes für Zwangshandlungen benötigt werden. Dadurch kann es zu einem ausgeprägten Rückzug oder gar zu sozialer Isolierung kommen.

Krankhafte Zwangsphänomene zeichnen sich dabei durch verschiedene relevante Eigenschaften aus. Bestimmte Gedankeninhalte oder Handlungen wiederholen sich dann stereotyp, drängen sich permanent auf, werden als sinnlos oder unsinnig erlebt und können dann auch nicht mehr durch Ablenkung oder ähnliche

Strategien vermieden werden. Eine scharfe Grenze zwischen „normalem“ zwangsähnlichem Verhalten und bereits krankhaft ausgeprägten Zwangssymptomen lässt sich in der Regel nicht ziehen; es kommen praktisch alle Abstufungen zwischen psychologisch noch nachvollziehbaren Verhaltensweisen und schweren fortschreitenden Zwangssymptomen vor.

Bei dem Versuch, sich den Zwangsphänomenen zu widersetzen oder zu entziehen, tritt eine intensive innere Spannung mit vorherrschenden Ängsten auf, die die gesamte Person in diesen Momenten überfluten können, sodass Handlungsunfähigkeit eintritt.

Der Verlauf einer solchen Störung gestaltet sich in der Regel chronisch, die jeweilige Intensität kann beträchtlichen Schwankungen unterliegen. Die Zwangsgedanken, -ideen und Zwangshandlungen neigen dazu, sich immer weiter auszubreiten und immer größere Bereiche des Alltags zu besetzten. Sozialer Rückzug und soziale Isolierung sind häufige Folgen. Unter Umständen treten auch ernstzunehmende körperliche Folgen (beispielsweise beim Waschzwang) auf. Wird immer mehr Zeit für die Zwangsrituale benötigt, kommen dabei übliche Alltagsaktivitäten zu kurz – der Betroffene vernachlässigt dann seine direkte soziale Umgebung, es kann im Extremfall zur kompletten Verwahrlosung kommen. Das extremste vorstellbare Szenario mündet in Einzelfällen in den Selbstmord (Suizid), dem dann dem Betroffenen als einzig erscheinende Ausweg.

Neben einer medikamentösen Therapie (beispielsweise durch die Gabe von Antidepressiva) ist eine psychotherapeutische Begleitung immer indiziert. Im vorliegenden Fall hatte GEORG von sich aus diesen Weg beschritten, da er sich zuvor niemandem, auch nicht der Ehefrau, mit seiner ihn erheblich beschämenden Symptomatik anvertrauen konnte.

Im Falle von GEORG drängten sich dem Betroffenen zunächst einzelne Gedanken und Befürchtungen auf, ein Elektrogerät nicht ausgeschaltet zu haben, eine Kerze nicht gelöscht zu haben, eine Situation nicht unter Kontrolle gebracht zu haben. Diese manifestierten sich dann in dem Umstand, dass GEORG diesen Gedanken durch Kontrollgänge nachgeben musste. Die als unsinnig empfundenen Kontrollhandlungen wurden dennoch durchgeführt. Schließlich führte die weitere Störungsentwicklung zu der Situationskonstellation, dass GEORG tagsüber mit Schuldgefühlen und -gedanken beschäftigt blieb und außerhalb seines Arbeitsplatzes im häuslichen Bereich dem Kontrollzwang unterlag, dem er dann in den Abendstunden und insbesondere auch nachts nachkam, da seine Ehefrau zu diesem Zeitpunkt schlief und er sich unbeobachteter wähnte.

Bei GEORG kam aber noch ein weiterer entscheidender Aspekt hinzu. Mit der Zeit bildete sich bei ihm die – sich ebenfalls zwanghaft aufdrängende – Vorstellung aus, wenn er den Zwangsimpulsen nicht hinreichend nachkomme, versündige er sich noch mehr und vergrößere dabei sein Schuldpotenzial. Damit ergab sich eine Situationskonstellation, aus welcher er sich schließlich aufgrund seines hohen Leidendrucks und der drohenden Auflösung seiner Alltagsstruktur lediglich durch therapeutische Hilfe zu befreien wusste.

Der vorliegend analysierte Fall zeigt eindrücklich, welche Wege ungelöste Schuldgefühle in Form anhaltender innerseelischer Spannungen und Konfliktlagen sowohl auf psychischer als auch auf körperlicher Ebene gehen können.

GEORG erlebte die durch den Priester erfahrene brüske Zurückweisung mit der Botschaft, er könne von seiner Schuld nicht losgesprochen werden (ohne dass ihm überhaupt die Möglichkeit gegeben worden war, subjektiv empfundene Schuld einzugestehen und zu benennen), als derart existenziell, dass er auf dem Boden einer ihn parallel begleitenden Depression einerseits in ein zwanghaftes Grübeln verfiel, sich auch im Alltag immer weiter in seine Schuldschleifen verstrickte und schließlich andererseits – ohne einen zielführenden oder stabilisierenden Ausweg vor Augen zu haben – Symptome einer Zwangsstörung ausbildete.

In diesem Zusammenhang wurde – aus der Perspektive kirchlicher Verantwortung – mit der dem Priester überantworteten

Sorgfaltspflicht und der erwartbaren Beichtsituation angemessenen Hin- und Zuwendung zu dem Vergebung suchenden Menschen derart fahrlässig umgegangen, dass sich bei dem Betroffenen nachfolgend ein psychisches Störungsbild ausprägte, welches den auf Vergebung und Schulderlösung hoffenden Menschen in eine erhebliche existenzielle Krise stürzte.

Die von dem Priester hier vertretenen, aus seiner eigenen moralischen Grundhaltung heraus entspringenden Unmöglichkeiten der Vergebung trafen auf einen von existenziellen Schuldgefühlen getriebenen Suchenden, welcher die erhoffte Vergebung nicht empfing und welchem sich somit als möglichem Fluchtraum einzig Depression und Zwang eröffneten.

DIE ÜBERSEHENEN –

verhinderte Berufung …

KASUISTIK 2:

REBEKKA (49 Jahre)

Anamnese:

Als sich REBEKKA in unserer Praxis vorstellte, sah ich eine psychisch schwer beeinträchtigte und vor allem erschöpfte 49-jährige Frau.

Die im Jahr 1973 geborene REBEKKA war das dritte Kind von vier Geschwistern und entstammte einem eher konservativ-sozialisierten katholischen Elternhaus. Der älteste Bruder wurde 1992 zum katholischen Priester geweiht. Die jeweils ältere und jüngere Schwester gründeten Familien und blieben in ihren Heimatgemeinden engagiert, dabei Mütter von jeweils drei Kindern.

REBEKKA kämpfte in ihrer Kindheit und Jugend um ihre Zulassung als Ministrantin und sammelte bereits nach ihrer Erstkommunion erste Erfahrungen der Ablehnung und der Frustration. Nach intensiver kirchlicher Jugendarbeit entschied sie sich nach dem Abitur für das Studium der Diplom-Theologie. Nachdem sie sich in ihrem kirchlichen Umfeld mit irritierenden Fragen konfrontiert sah („Du willst als Frau in der Kirche Karriere machen?"), begann sie parallel, auch „zur Absicherung", wie sie formulierte, ein Lehramtsstudium. Nachfolgend durchlief sie erfolgreich eine Ausbildung zur Pastoralassistentin und arbeitete im Anschluss in mehreren Gemeinden. In diesem Zusammenhang erfuhr sie in den nachfolgenden Jahren die sie extrem behindernden begrenzenden Erfahrungen, „viel zu dürfen, von den entscheidenden Handlungen jedoch abgeschnitten zu sein". Die Tatsache, dass gerade die Menschen, die sie pastoral begleitete, sie auf diese Defizite (Unmöglichkeit der Spendung der Sakramente, sie habe die Befähigung zur Priesterin ... etc.) wiederholt ansprachen, führten REBEKKA – langsam, schleichend – erst in eine Phase der ohnmächtigen Wut, dann in eine Phase der anhaltenden Verbitterung, aus welcher sie sich zunächst nicht mehr befreien konnte. Sie verspürte ein anhaltendes und quälendes Erschöpfungsgefühl nach nur geringer geistiger Anstrengung, auch bereits im Rahmen der Bewältigung oder dem Bewältigungsversuch alltäglicher Aufgaben (die eigentlich keine ungewöhnlichen geistigen Anstrengungen erforderten). Diese Veränderungen führten zu Konzentrationsmängeln und Unregelmäßigkeiten, zu Fehlern und Auffälligkeiten während ihrer Arbeit in der Gemeinde. Zu diesem Zeitpunkt ersuchte REBEKKA erstmals einen Psychologen um Rat, welcher sie an einen Facharzt für Psychiatrie überwies. Dieser diagnostizierte eine depressive Episode und verschrieb Antidepressiva.

REBEKKA beschloss zunächst, nicht chronisch erkranken zu wollen, suchte ihre Ressourcen zunehmend in der Kontemplation und trat schließlich nach längerer Selbstprüfung einer Ordensgemeinschaft der Benediktinerinnen bei.

Das nach wie vor in ihr wirkende priesterliche Charisma konnte sich jedoch mit den Statuten und Zielen des Ordens nicht messen lassen – ersteres war wirkmächtiger und bestimmte nach wie vor ihre Denk- und Gefühlsstrukturen. Noch vor dem Ende der zeitlichen Gelübde verließ sie den Orden und engagierte sich erneut in einer Gemeinde. Nachdem sie einem Priester anvertraute, ihre Berufung nach wie vor auf anderer Ebene zu sehen, diese liege im Priestertum der Frau, empfahl ihr der konsultierte Priester (Mitglied des Domkapitels der betreffenden Diözese), das Ziel ihrer Berufung doch eher im Gymnasialamt und auf pädagogischer Ebene zu suchen. Durch dieses Gespräch und aufgrund der erneut in ihr dominierenden Verbitterung geriet REBEKKA in eine erheblich ausgeprägte existenzielle Krise, stellte alles bisher Geglaubte infrage, und erkrankte daraufhin erneut an einer Erschöpfungsdepression.

Innerhalb dieses, nunmehr zweiten, Krankheitsstadiums ersuchte sie um fachpsychiatrische Hilfe.

Erfahrungsbericht:

Therapeut: Wenn Sie nochmals zurückblicken, welches anhaltende Gefühl brachte Sie damals, bevor Sie erstmals ärztlichen Rat suchten, in die Nähe einer Depression?

REBEKKA: Zunächst wurde ich über Monate von einer anhaltenden, beträchtlichen Wut und Gereiztheit überschwemmt. Die Wut betraf sämtliche Aspekte, welche die in mir gefühlte innere Berufung zur Priesterin verunmöglichten, die mich als Frau in der Kirche begrenzten. Da kamen viele Sachverhalte in mir hoch, die ich ja schon so lange aushalten musste. Ich habe immer nach Auswegen gesucht, den unlösbaren Widerspruch, das Bedürfnis in mir, meine Berufung zu leben bei gleichzeitiger Verunmöglichung dieses Vorhabens auf unabsehbare Zeit – einem inneren seelischen Gleichgewicht zuführen zu können. Das ist letztlich natürlich nur zeitweise gelungen – die Wirklichkeit hat mich immer wieder eingeholt.

Wissen Sie, das muss ich an dieser Stelle doch loswerden: Es gibt da nämlich einen beträchtlichen Unterschied zwischen „Wirklichkeit", die mich täglich ereilt, und „Wahrheit", wie sie kirchliche

Lehramtstexte vermitteln. Im kirchlichen Sprachgebrauch bedeutet „wahr“ oft das genaue Gegenteil von „wirklich“ – denn was lehramtlich als „wahr“ deklariert wird, hat in der Regel dann mit der Wirklichkeit nicht wirklich viel gemein.

Also, ich fühlte mich durch die Kommunikationsstrukturen in der Kirche ausgegrenzt. Da wird, wenn es um die Berufungsfragen der Frau geht, nicht nur ausgeblendet und trivialisiert, sondern geradezu ausgegrenzt, diffamiert, tabuisiert, ja, auch verdammt.[23]

In der Gemeinde, in der ich tätig war, wurde mir immer wieder von Gläubigen signalisiert, ich hätte eine Ausstrahlung, ein Charisma, welches mich zur Priesterin befähige. Wenn Sie immer wieder mit Fragen konfrontiert werden, die Ihnen genau die Sachverhalte vor Augen führten, die Sie ja beständig in sich konflikthaft tragen, dann führt das zur inneren Konzentration von seelischem Leiden. Die von mir Begleiteten fragten mich beständig, warum spenden Sie uns nicht die Sakramente, warum hören Sie keine Beichte? Zu Ihnen kämen wir eher als zum Gemeindepfarrer! Das müssen Sie auf Dauer erst einmal aushalten. Meine Wut und meine so gefühlte Ohnmacht wurden immer größer, ich wusste nicht mehr, wohin damit.

Therapeut: *Was kam dann nach der Wut?*

REBEKKA: Nach der Wut kam die Verbitterung. Ich wollte es zunächst nicht wahrhaben. Aber es war härteste Verbitterung, langsam, aber kontinuierlich nahm dieses Gefühl von mir Besitz.

Therapeut: *Können Sie beschreiben, wie diese Verbitterung von Ihnen Besitz ergriff?*

REBEKKA: In meiner Fantasie entstanden aggressivgetönte Bilder. Fantasien entstanden, die ich mir bis dato überhaupt nicht zugestanden hätte, sondern eher als „sündhaft“ deklariert hätte. Auf die aggressiven Bilder in meinem Kopf reagierte ich mit Schuld- und Selbstbestrafungstendenzen. So redete ich mir ein, mein Wunsch und mein verspürtes Charisma zur Priesterin seien per se sündhaft und gehörten in eine Beichte. Das muss man sich mal vorstellen, zu welchen Gedankenschleifen ich fähig war.

Ich sagte mir auch, dass die gültige Lehrmeinung, wonach nur Männer die Priesterweihe gültig empfangen können, überhaupt nicht auf Überzeugung beruhe, sondern ganz überwiegend auf einer Gewohnheitshaltung des durch Klerikalisierung verdorbenen Männerapparates der Kirche. Ich sagte mir: Hier ist der Wunsch der Vater der Dogmatik![24]

Uns Frauen wird doch in der Kirche vorgegeben, wo unser Platz ist und was wir zu tun haben. Wir Frauen sind doch letztlich nur das, wofür wir gehalten werden. Wir dürfen nur sein, wozu wir gebraucht werden. Ich vergegenwärtigte mir die dualistisch angelegten Extreme, denen wir im Rahmen der Wahrnehmung in der Kirche ausgesetzt sind: In nicht wenigen moralistisch geprägten katholischen Organisationen werden Frauen einerseits verklärt – beispielsweise als „Jungfrau" oder als „gute und überidealisierte Mutter", dann wiederum dämonisiert, als versuchender „Stachel" im Bewusstsein der Männer, deren Misstrauen dann wieder zu Unterdrückung und Entwertung führen.

Ich war auch verbittert über die Fassade von angeblicher Keuschheit, Zucht und Moral, die in ein System der Über- oder Unterordnung geführt haben, auch des Dienens und Sich-bedienen-lassens. Also ging es letztlich wieder- auch in meinem Kopf – um Macht, um Klerikalismus, um Narzissmus, der alles dominiert und im Chaos ertränkt. Der Narzissmus in der Kirche zerstört so viele gute Ansätze, eigentlich verhindert er sie, bevor sie überhaupt blühen können.

Ich war dann so verbittert, dass ich über jeden und alles ständig gereizt war. Mit den Mitgliedern meiner Herkunftsfamilie konnte ich das nicht besprechen. Die schauten mich nur fragend an und schüttelten den Kopf über ihre abtrünnige Tochter.

Therapeut: *Wie lange dauerte die Verbitterungsphase an?*

REBEKKA: Genau weiß ich es nicht mehr, ich glaube drei bis vier Monate. Monate, in denen ich der Welt den Kriegszustand erklärte, auch durch meine Gereiztheit. Wie schon gesagt, kehrten sich diese Gefühle dann immer wieder um, ich fühlte Schuld. Ich sagte mir: Es darf ja gar nicht sein, ich darf diese Gefühle gar nicht haben. Frauen können eben eine solche Berufung nicht bekommen. Wenn sie dennoch das Gegenteil behaupten, ist es eine Anmaßung, die ihnen nicht zusteht. Ich verunsicherte mich also selbst.

Therapeut: Und nach der Verbitterung, der Verunsicherung, der Selbstanklage … kam die Erschöpfung?

REBEKKA: Richtig, die Erschöpfung überfiel mich „hinterrücks durchs Auge". Ich stand morgens auf, fühlte mich gerädert, begann meinen Tag gereizt, wie immer. Ich merkte dann aber, dass ich mich sehr schlecht konzentrieren konnte. Ich behielt die einfachsten Fakten nicht mehr. Ich machte Fehler, erinnerte Termine zu spät, wusste die Namen mancher Kinder in der Gemeinde nicht mehr und vergaß auch Sitzungstermine. Das fiel natürlich auf. Einschneidend war aber die Feststellung, dass ich zur Bewältigung einfachster Arbeitsabläufe sehr viel Energie aufbringen musste. Das war ich nicht gewohnt. Am Nachmittag war ich bereits so erschöpft, als hätte ich drei Tage nicht mehr geschlafen. Meine Stimmung blieb depressiv, ich weinte, reagierte aber auch aggressiv, konnte nicht mehr entspannen.

Therapeut: Wie Sie berichteten, suchten Sie bereits zu diesem Zeitpunkt psychologische und fachärztliche Hilfe auf. Was geschah damals therapeutisch?

REBEKKA: Ich suchte einen Psychologen in dessen Praxis auf. Nach zwei Sitzungen war klar, der Therapeut würde mich mit meinen Problemen, die in die Krise geführt hatten, niemals verstehen. Er merkte das auch und überwies mich an einen Facharzt für Psychiatrie. Dort wurde ich zwar angenommen. Man hörte mir aber nicht intensiver zu. Der Arzt meinte, ich litt an einer Depression, verschrieb mir Antidepressiva und ein schlafanstoßendes Medikament, dann entließ er mich. Dort fühlte ich mich dann ebenfalls nicht mehr aufgehoben. Die Antidepressiva setzte ich nach Rücksprache mit meinem Hausarzt wieder ab.

Therapeut: *Sie gingen dann einen anderen Weg…*

REBEKKA: Ich ging nach innen, in meine verwundete Seele. Es mag vielleicht masochistisch erscheinen, aber ich beschäftigte mich mit dem Umstand des Verletztseins, dem Zulassen von Verwundung, dem Aushalten von Leidenszuständen. Ich konfrontierte mich mit meiner eigenen existenziellen Situation, ich betrachtete mich in der Kirche als gescheitert. Diese Reflexion führte mich dann zu weiteren Fragen. Ich fragte mich beispielsweise, welche menschlichen Attribute, aber auch welche sakramentalen Attribute erforderlich sind, um Menschen in ihrem Anders-sein, im Scheitern, in der Fragmentierung, in ihrer Schuld zu begleiten. Es wurde mir auch klar, dass Menschen, die sich auf Verletzbarkeit und Leiden der Ratsuchenden mit ihren eigenen Fehlern und Schwächen und ihrer Fähigkeit zum Scheitern einlassen wollen, selbst ebenfalls angegriffen, aufgerieben und zerrieben werden können. Das brachte mich zu Erkenntnissen, dass die Kirche in ihrer Struktur verwundbar bleibt, dabei selbst verwundet. Ich fragte mich also, ob es mir nicht doch möglich sei, mit meiner ungelebten Berufung Frieden schließen zu können und das alles aus einer anderen Perspektive anschauen zu können. Darin habe ich mich dann aber überschätzt.

Therapeut: *Wie kamen Sie zu der Überzeugung, diese Fähigkeiten überschätzt zu haben?*

REBEKKA: Ich entschloss mich zunächst, den Benediktinerinnen beizutreten. Anfänglich fühlte ich mich aufgehoben, unter vermeintlich Gleichgesinnten. Dann aber gingen mir rasch die Augen auf. Ich spürte auch hier wieder diese von den Statuten ausgehenden Zwänge, die einengten, mich meiner Kreativität beraubten. Ich hatte dort größere Freiräume und Spielräume vorausgesetzt, musste aber einsehen, dass das mehr eine Hoffnung war, vielleicht auch eine Projektion. Jedenfalls fand ich mich gerade eben dort, in klösterlichen Strukturen, wieder bei mir selbst – bei meiner inneren Stimme, die mir unaufhörlich einredete, dass meine Berufung doch so nicht gelebt werden könne. Mit anderen Worten, die Stimme des Charismas wurde so laut, dass ich den Orden verlassen musste. Ich stand wieder vor dem Neuanfang. Ich beschloss aber, noch nicht aufzugeben.

Therapeut: Wie kann man sich dann den Übergang nach dem Austritt aus dem Orden vorstellen?

REBEKKA: Ich ging wieder zurück in die Gemeinde. Es war der Zeitpunkt vor dem Zusammenbruch. Ich übernahm wieder die gleichen früheren Tätigkeiten, bekam die gleichen überaus positiven Rückmeldungen von Begleiteten und Gemeindemitgliedern. Erst als eine Pfarrgemeinderätin mich ansprach und meinte, ich sei doch die geborene Priesterin, gab es für mich kein Halten mehr. Alles, was mich bis zu diesem Zeitpunkt stabilisiert hatte, was mir noch Hoffnung gab, brach in mir buchstäblich von einer Sekunde auf die andere zusammen.

Nunmehr begab ich mich auf die Ebenen einer Haltung, die ich bei mir nie für möglich gehalten hätte. Ich begab mich auf die Flucht.

Therapeut: Wohin flohen Sie?

REBEKKA: Ich floh wiederum nach innen. Dieses Mal jedoch kapselte ich mich ab. Ich ging in die innere Immigration. Ich wurde anhaltend depressiv, erschöpfte sehr leicht, wie ich das schon von mir aus der ersten Phase der Erkrankung gekannt hatte, konnte nicht mehr schlafen und tendierte zum generellen Rückzug. Ich schnitt mich zusehends von sämtlichen sozialen Kontakten ab, zog mich in meine Wohnung zurück und ging nicht mehr ans Telefon. Ich war natürlich arbeitsunfähig auf unbestimmte Zeit.

Dann revoltierte auch mein Körper. Ich entwickelte erhebliche Schmerzen in meinem gesamten Bewegungsapparat. Arme, Beine, Nacken und Schultern schmerzten derart und anhaltend, dass ich auch nachts keine Ruhe mehr fand. Ich suchte auch den Hausarzt auf, den Orthopäden, den Krankengymnasten und den Osteopathen, nichts half wirklich. Überall schickte man mich ohne körperlichen Befund wieder fort. Ich wurde immer depressiver. Meine Seele sprach damals Klartext zu mir – es war meine innere eigene Wahrheit, ich konnte Berufung nicht leben. Letztlich begannen dann Kopfschmerzen meinen Alltag zu strukturieren. Ich entwickelte einen Spannungskopfschmerz, der mich immer wieder überflutete. Schlafen konnte ich aber auch nicht mehr. Schließlich entschloss ich mich, wiederum therapeutische Hilfe im Gespräch zu suchen. Immerhin konnte ich erreichen, dass mir zugehört wurde, dass man meine existenziellen Probleme ernst nahm.

Therapeut: *Wir treffen uns heute zu einem Zeitpunkt, in dem eine gewisse Stabilisierung eingetreten ist. Nach vielen Wochen der Krise, der Selbstzweifel, der depressiven Gefühle und der Ausweglosigkeit berichten Sie nun über die Fähigkeit, allmählich auch wieder Freude empfinden zu können, besser schlafen zu können, wieder kontaktfreudiger zu sein, und auch weniger unter den quälenden Muskelschmerzen leiden zu müssen, während die Kopfschmerzen hartnäckig geblieben sind.*

Wie lösen Sie gegenwärtig Ihre Zukunftsperspektive?

REBEKKA: Von meinem widersprüchlichen Standpunkt aus, der in der Kirche bis jetzt nur dualistisch („entweder-oder") gelöst werden kann, versuche ich, auf Basis von leidgeprägten Kompromissen weiterzuleben:

Ich kann nur aushalten und bleiben. Fliehen hilft nicht. Ich kann nur aushalten mit denjenigen Menschen, die sich von mir weiterhin begleiten lassen wollen, an deren Lebensbrüchen ich somit teilhaben darf – ich weiß, dass ich in der Begegnung mit diesen Menschen transparent sein kann für die Präsenz Gottes. Wenn ich bei ihnen bleibe und mit ihnen gemeinsam den Schmerz der Lebenswunden aushalte, kann ich meine eigene Situation etwas besser kompensieren.

Ich muss aber auch aushalten können, dass ich zukünftig immer noch nicht mehr tun darf – dass mir die Spendung des sakramentalen Raums verwehrt bleibt.

Was mich am ehesten in der Zukunft destabilisieren und in eine neue Krise führen kann, ist die Vorstellung, dass mir jemand sagt: Finde dich endlich damit ab …!

Therapeut: *Bleibt es Ihnen möglich, ein Fazit zu formulieren?*

REBEKKA: Das Fazit fällt dann doch eindeutig aus:

Unauflösbar bleibt natürlich die Diskrepanz zwischen meinem eigenen Selbstverständnis und meiner Lebenswirklichkeit als Frau in der Gesellschaftsstruktur der Jetztzeit und den kirchlichen Positionen und Lehramtsmeinungen. Natürlich fühle ich mich nach wie vor unverändert ausgegrenzt und diskriminiert. Das Gerede von Gleichheit und Geschlechtergerechtigkeit spottet doch jeglicher Beschreibung. Ich werde mich in meiner eigentlichen Berufung immer missachtet, ja missbraucht fühlen. Ich bleibe ohnmächtig und hilflos zurück, als Opfer einer Machtfrage, die aber andere entscheiden, jedenfalls nicht die Frauen. So lange der narzisstisch geprägte Impuls zum Machterhalt seine Wirksamkeit entfaltet, wird mir immer ein Stück Lebensqualität geraubt werden. Daran kann auch keine Therapie etwas ändern. Die Trauer über die nicht gelebte Berufungsaufgabe wird nicht weichen.

Fluchträume II – der Weg in die Erschöpfungsdepression

Die Kasuistik von REBEKKA stellt auf Basis der Kenntnis zahlreicher vergleichbarer Einzelfälle aus psychiatrischer Perspektive sicherlich keinen Einzelfall dar. Es häufen sich in den zurückliegenden zehn Jahren Fallberichte von Betroffenen, insbesondere auch von Frauen zwischen dem 40. und 60. Lebensjahr, die sich jahrzehntelang innerkirchlich und pastoral engagieren und verausgaben, dabei jedoch ihre eigentlich gefühlte innere Berufungshaltung – die mit ihrem Lebensentwurf eng verknüpft bleibt und hierdurch existenzielle Bedeutung gewinnt – nicht leben können. In zahlreichen Fällen führt die Flucht in die innere Immigration dabei zu depressiven Syndromen, die in Form von Erschöpfungssymptomen und psychosomatischen Beschwerden zum Ausdruck kommen.

Im Falle von REBEKKA handelt es sich dabei um die sogenannte Neurasthenie (bisweilen auch als „chronisches Müdigkeitssyndrom" bezeichnet).

Die zentralen Symptome der Neurasthenie sind eine anhaltende Erschöpfung, die sich auch nach einer ausreichenden Erholungsphase oder Bettruhe nicht bessert, sowie eine extreme Ermüdbarkeit selbst nach einfachen geistigen Bemühungen oder geringsten körperlichen Anstrengungen.

Dieses subjektive Gefühl ist anhaltend unangenehm. Es beinhaltet Lustlosigkeit, Missgestimmtheit, Vitalitätsverlust, Ohnmacht und Resignation.

Es impliziert dabei eine charakteristische Spannungslage in der mental-geistigen Erlebnissphäre wie auch in der körperlichen Befindlichkeit. Zahlreiche psychische Funktionen sind von diesem Zustand negativ betroffen. Es imponieren eine in der Intensität fluktuierende Konzentrationsbeeinträchtigung, Vergesslichkeit und eine reduzierte Auffassungsgabe.

An weiteren körperlichen Symptomen können Muskel- und Gelenkschmerzen, Muskelschwäche, körperliche Spannungsgefühle und Irritabilität bei Unfähigkeit sich zu entspannen, Kopfschmerz, Schlafstörungen, ein überhöhtes Traumerleben, diffuse Schwindelgefühle und Ängste vor Lichteinfall bestehen. Unterschiedliche Grade von Depression und Angst sind häufig.

Mit der tiefgreifenden Erschöpfung, der abnormen Ermüdbarkeit und der fehlenden Leistungsfähigkeit gehen regelhaft eine Zurücknahme gewohnter sozialer und beruflicher Verhaltensweisen, eine Aufgabe der körperlichen Aktivitäten sowie eine psychophysische Schonhaltung einher. Es imponiert subjektiv ein deutliches und anhaltendes Krankheitsgefühl.

Die Analyse der in den Einzelfällen zum Tragen kommenden auslösenden Faktoren führt sehr häufig zur Feststellung von Defiziten im intrapsychischen Erleben. Häufig spielen dann in der Phase der Krankheitsentstehung eine Sinnverarmung, der Verlust einer tragenden Lebensperspektive bei verfehlten oder nicht erreichbaren Zielen der Betroffenen – als entscheidender ungelöster bzw. unlösbarer Lebensproblematik – eine tiefgreifende und existenzielle Rolle.

Die dann subjektiv wahrgenommene Ohnmacht, das Nicht-mehr-bewältigen-können von etwas zuvor Gekonntem oder Erhofftem, die leibliche und seelische Spannungslage, die resignative Gestimmtheit und der Rückzug in eine missbefindliche Leiblichkeit übernehmen sodann die Oberhand im innerseelischen Spannungsgefüge.

Subsummierend existiert fachpsychiatrisch eine eher pessimistische Verlaufsbeurteilung, vergleichbar von mit schweren somatischen Erkrankungen Betroffenen.

Die transparente und offene Darstellungsweise von REBEKKA lässt dabei eindrücklich die Ursachen der bei ihr klinisch zum Ausdruck kommenden Symptome zurückverfolgen:

Auch bei REBEKKA begann die erste Krankheitsphase, die sich zunächst auf der geistigen Ebene manifestierte, mit einer zunehmenden Sinnverarmung angesichts der von ihr erkannten Perspektivlosigkeit hinsichtlich der gefühlten Berufung. Es kam auch bei ihr zu dem, erst später in Erscheinung tretenden, Verlust jeglicher tragenden Lebensperspektive, bei nicht nur verfehlten, sondern angesichts der aus ihrer subjektiven Sicht als ausweglos empfundenen schlichtweg nicht existenten Ziele. Die ungelöste Lebensproblematik führte schließlich in eine tiefgreifende wirksame seelische Krise.

Dennoch suchte REBEKKA – trotz Vergegenwärtigung der für sie subjektiv unlösbaren Konfliktsituation – bereits in den Anfängen ihres seelischen Leidens nach Auswegen, nach Lösungswegen und nach psychischen Kompromissen, die ihr eine zumindest in Ansätzen akzeptable Lebensqualität ermöglichen könnten.

Die für sie aus existenzieller Perspektive scheinbar unabwendbare Finalsituation, nämlich auf absehbare Zeit ihre eigentliche und Zeit ihres Lebens gefühlte innere Berufung nicht einbringen und leben zu können, führte sie dann schließlich in Fluchträume, die mit einem hohen Leidensdruck sowie einem erheblichen Verlust an Lebensqualität verbunden waren. Neben Erschöpfungssyndromen auf der geistigen und körperlichen Ebene traten zudem noch psychosomatische Symptome hinzu. Insbesondere der quälende Spannungskopfschmerz verhinderte eine sinnvolle Tagesstrukturierung.

Das Ausmaß der aus dieser scheinbar unlösbaren Lebenskonstellation hervorgehenden Leidensqualität und -quantität wiegt aus psychiatrischer Sicht schwer. Es handelt sich dabei nicht um Einzelfälle etwa besonders vulnerabler (verletzlicher) und hochsensibler Betroffener, sondern einfach um eine seelische Antwort auf verhinderte kreative Lebensgestaltung, verhinderte Lebensentwürfe sowie um eindrückliche Beispiele seelischer Resignation und Hoffnungslosigkeit angesichts der immer häufiger phänomenologisch zur Darstellung kommenden Diskrepanzen und diskriminierenden Konfliktkonstellationen geschlechterorientierter Machtgefälle in innerkirchlichen Strukturen.

Die aus diesen Strukturen hervorgehenden seelischen Leiden bergen den Hang zur Chronifizierung in sich und können – zumindest aus ärztlich-therapeutischer Perspektive – hier nicht lediglich mit einem „bedauerlichen Achselzucken" zur Kenntnis genommen werden, sondern weisen auf schwergradige strukturelle Defizite innerhalb der Kirche hin, deren Auswirkungen bereits die Ebene seelischen Leidens beschritten haben.

DIE ENTRECHTETEN –

Arbeit contra Leben?

KASUISTIK 3:

JONAS (35 Jahre)

Anamnese:

JONAS stellte sich mit den Symptomen einer Angststörung in unserer Praxis vor. Der zu diesem Zeitpunkt 35-jährige Mann arbeitete als Pflegebereichsleiter einer größeren kardiologischen Abteilung eines kirchlich geführten Krankenhauses und lebte seit fünf Jahren in Partnerschaft mit seinem 29-jährigen Lebensgefährten in einer gemeinsamen Wohnung.

JONAS entstammt einem, wie er mir darlegte, „erzkonservativ" ausgerichteten katholischen Elternhaus, geprägt von einer gewissen Beziehungskälte und oberflächlichen Beziehungsstrukturen in der Herkunftsfamilie. Sein zwei Jahre jüngerer Bruder sei ihm, seit er denken könne, stets bevorzugt worden.

Der Bruder, zu welchem er heute fast keinen Kontakt mehr unterhält, lebt mit Ehefrau und vier Kindern in der Nähe des Elternhauses. Die Beziehung seines Bruders zu seinen Eltern wird als „geradezu abhängig" beschrieben. Der Bruder selbst komme dabei sämtlichen moralischen und spirituellen Vorstellungen der Eltern nach und befinde sich in einem geistigen Abhängigkeitsverhältnis.

Im Alter von 17 Jahren registrierte JONAS ein aufkeimendes sexuelles Interesse am männlichen Geschlecht, fühlte sich zu gleichgeschlechtlichen Gleichaltrigen hingezogen und entwickelte im Alter von 19 Jahren eine erste konkrete Verliebtheit zu einem 20-Jährigen aus dem Bekanntenkreis, die entsprechend enttäuscht wurde. Da JONAS auch in seiner Jugend der kirchlichen Jugendarbeit treu geblieben war und seinen Freundeskreis auf dieser Ebene pflegte, war ihm – wie er heute berichtet – auch noch mit 22 Jahren ein sogenanntes Outing bzw. ein Bekenntnis zur Homosexualität nicht möglich. Die ersten homosexuellen Kontakte ging er im Alter von 25 Jahren zu einem 27-jährigen Mann ein, die Beziehung hielt etwa zwei Jahre an. Nachfolgend widmete sich JONAS überwiegend seiner beruflichen Qualifikation und Weiterbildung zur Befähigung der Übernahme einer Pflegedienstleitung.

Im Alter von 30 Jahren lernte er seinen jetzigen Partner kennen, wobei sich diesbezüglich sehr rasch eine intensive und stabile Beziehung entwickelte, sodass der Entschluss zu einem räumlichen Zusammenzug von beiden als folgerichtig angesehen wurde. Zu diesem Zeitpunkt ließ sich ein Bekenntnis zur Homosexualität gegenüber der Herkunftsfamilie und auch im Freundeskreis nicht mehr zurückhalten. Das Outing war für JONAS ein erstes Desaster, vor allem gegenüber seinem jüngeren Bruder und den Eltern. Im Freundeskreis bekam er zwar auch Anerkennung, aber eben nicht die erwartete Akzeptanz, die er sich erhofft hatte. Nach dem Zusammenzug mit dem Partner kam es bei JONAS immer dann zu Panikgefühlen, wenn er nach seiner Arbeit in die gemeinsame Wohnung zurückkehrte. Er spürte ein plötzlich einsetzendes Herzklopfen, Schwindelgefühle, manchmal auch Atemnot und eine nicht näher zu beschreibende Panik. JONAS versuchte, diese Symptome zu verdrängen und schenkte ihnen zunächst möglichst wenig Beachtung.

Im Alter von 34 Jahren bewarb er sich auf eine Stelle als Pflegebereichsleiter in jener städtischen Klinik in kirchlicher Trägerschaft, bei welcher er auch derzeit noch tätig ist. Auf Anhieb bekam er die Leitungsposition zugesprochen und trat zeitnah seine dortige Tätigkeit an.

Diese Entwicklung nahm der Lebenspartner von JONAS zum Anlass, auf eine eingetragene gemeinsame Lebenspartnerschaft zu drängen. Prinzipiell stimmte JONAS zwar diesen Lebensplänen zu, hatte jedoch große Befürchtungen, diese Änderungen seines Lebensstandes dem Arbeitgeber mitteilen zu müssen und befürchtete darüber hinaus, dass seine derzeitigen Lebensumstände in der Klinik im Kollegenkreis und bei Vorgesetzten, insbesondere der Geschäftsleitung und im Management, bekannt werden könnten.

Mehrere Wochen nach Dienstantritt wurde JONAS zu einem Gespräch in die Geschäftsleitung gebeten, bei welchem auch kirchliche Vertreter der Krankenhausleitung zugegen waren. Dort signalisierte man ihm zwar freundlich – und wie beiläufig –, jedoch bestimmt, dass man darauf achte, dass Mitarbeiter in höheren Leitungspositionen in geordneten Verhältnissen lebten. JONAS nahm die Aussage zur Kenntnis, wagte jedoch nicht, auf den Sachverhalt einzugehen, welcher auch von Arbeitgeberseite unkommentiert stehengelassen wurde.

Diese Situationskonstellation erzeugte sodann in JONAS eine für ihn subjektiv unlösbare Konfliktlage. Durch das Eingehen der eingetragenen Lebenspartnerschaft, dem Wunsch des Partners, diese kirchlich segnen zu lassen, befürchtete er folgenreiche Probleme am Arbeitsplatz bis hin zur Kündigung. Ein dortiges Outing kam für ihn überhaupt nicht mehr infrage. Die Konfliktlage konnte er aber auch nicht dem Partner auseinandersetzen, aus Angst, den Lebenspartner zu verlieren.

Innerhalb dieser Konfliktsituation entwickelte JONAS seine erste erhebliche Panikattacke während des Einkaufs in einem Supermarkt, die Aufsehen erregte, da er sich auffällig verhielt und um ärztliche Hilfe bat. Die vom Hausarzt diagnostizierte Panikstörung führte JONAS dann in fachärztliche Behandlung und Betreuung. Zum Zeitpunkt des Gesprächs befand sich JONAS bereits wieder in einem stabilisierten psychischen Zustand und betrachtete rückblickend die Entwicklung seiner Symptome und vorausblickend die Ergebnisse seiner mittlerweile vorgenommenen Situationsklärung.

Erfahrungsbericht:

Therapeut: *Wenn Sie nochmals beschreiben könnten, wie sich der Beginn der Angsterkrankung für Sie gestaltete?*

JONAS: Eigentlich begann es bereits bei meinem ersten Vorstellungsgespräch in der Klinikleitung. Ich besaß eigentlich sämtliche Weiterbildungskriterien, die sich die Kardiologie für eine Pflegedienstleitung gewünscht hatte. Man meinte auch, ich sei fast überqualifiziert. Ich war mir also relativ früh während des Vorstellungsgespräches sicher, dass ich die Stelle bekommen werde. Ich wähnte mich dann also schon fast am Ende, da kamen dann die ganzen Fragen zum Lebensstand, zur spirituellen Einstellung und zu bestimmten Auffassungen und Lebenshaltungen. Natürlich hätte ich da auch selbstbewusst agieren können und anführen können, dass solche Fragen zum Teil zu weit gingen. Ich habe mich aber nicht getraut. Da wirkte auch meine kirchliche Sozialisation noch zu stark nach, ich war innerlich noch zu sehr „Kurs auf Kirche“, um mich selbstbewusst zu äußern. Damals konnte ich auch noch sagen, ich sei ledig und wohnte in einer WG, das war noch nicht mal gelogen.

Therapeut: *Dann kam es zu einer Veränderung der Situationskonstellation …*

JONAS: Ja, ich habe noch nicht so schnell damit gerechnet, dass mein Partner eine eingetragene Lebenspartnerschaft wollte. Eigentlich habe ich die auch gewollt, mir wurde aber sehr schnell klar, dass ich Probleme mit dem kirchlichen Arbeitgeber bekommen werde.

Therapeut: *Handelte es sich da bei Ihnen lediglich um Vermutungen oder hatten Sie Gewissheiten, um zu diesen Annahmen kommen zu können?*

JONAS: Zunächst waren es nur Vermutungen. Aber noch während der Einarbeitung erfuhr ich von den mich begleitenden Kollegen, dass meine Vorgängerin, also die vorangehende Stelleninhaberin der Bereichsleitung, zunächst in Scheidung gelebt und sich dann erneut verheiratet haben soll. Da sie Mitglied der Krankenhausleitung gewesen sei, habe man ihr nahegelegt zu gehen. Es versteht sich von selbst, dass ich da Parallelen zu meinem Fall gezogen habe. Das waren zunächst aber nur unspezifische Ängste. Da hatte ich noch keine Symptome.

Therapeut: *Diese stellten sich dann nach einem weiteren Gespräch mit der Krankenhausleitung ein …*

JONAS: Ich hatte schon damit gerechnet, dass ich nochmals vorstellig werden muss, da bei dem ersten Gespräch der Vertreter aus der Bistumsleitung nicht anwesend war. Diese Kontaktaufnahme sollte dann in dem zweiten Gespräch erfolgen. Meine Befürchtungen bewahrheiteten sich dann nicht nur, sondern wurden noch übertroffen. Mir wurde empfohlen, so nannte man das im Gespräch, mir wurde eher mit Nachdruck empfohlen, auf geordnete Lebensverhältnisse zu achten, die mit den Grundlagen des Trägers in Einklang zu bringen seien. Mehr wurde dazu nicht ausgeführt. Entscheidend für mich war, dass diese Aussagen wie eine Drohung gegen mich erklangen. Ich fühlte mich erinnert an die Szene meins Outings im Elternhaus, als die Eltern damals meinten: „Junge, mach' uns keine Schande." Da sah ich Parallelen. Mein inneres Bedrohungsgefühl wuchs somit an.

Therapeut: *Damit war die Konfliktlage definiert …*

JONAS: Nicht nur das, ich hatte nicht die Kraft, meinem Partner dieses Szenario auseinanderzusetzen. Ich wollte ihn nicht enttäuschen, ich wollte mich nicht enttäuschen und ich hatte Angst vor einem Verlust des Partners.

Therapeut: *Wann stellte sich dann die erste Panikattacke ein?*

JONAS: Das war im Supermarkt. Ich stand vor einem Regal, wusste plötzlich nicht mehr, was ich kaufen wollte und sollte, drehte Gedankenschleifen, sah mich als Versager, dann ging alles Weitere sehr schnell. Ich bekam Schwindel, Herzrasen, Atemnot, Herzklopfen und drohte in Ohnmacht zu fallen.

Die Symptomatik trat dann zunächst nicht mehr auf. Ich ging weiterhin meiner Arbeit nach, aber völlig verunsichert. Ich trat nicht mehr so selbstbewusst wie in den ersten Tagen des Stellenantritts auf. Ich machte Fehler, wirkte auf die Kollegen auch unsicher. An einem Nachmittag sprach mich ein Kollege darauf an, ob alles in Ordnung sei, ich würde sehr unkonzentriert wirken. Stunden später kam die zweite Panikattacke. Diesmal in häuslichen Verhältnissen, kurz nachdem mich mein Partner auf unsere Zukunft angesprochen hatte.

Auch da konnte ich mich noch nicht öffnen, es war zu schwer und angstbehaftet für mich.

Therapeut: *Sie gingen dann weiter zum Dienst?*

JONAS: Ja schon, aber ich blieb verunsichert. Nachdem mich der Kollege angesprochen hatte, hatte ich zunehmend Ängste zu versagen. Mit unterliefen dann auch Dokumentationsfehler.

In den folgenden Wochen bekam ich noch weitere Panikattacken, die Abstände wurden immer kürzer.

Therapeut: *Dann konnten Sie sich doch noch mitteilen…*

JONAS: Ich musste, es war die einzige Möglichkeit, um aus der Sackgasse herauszukommen. Mein Partner zeigte sehr viel Verständnis, hielt aber an dem Wunsch fest, eine eingetragene Partnerschaft anzustreben. Am Arbeitsplatz änderte sich auch wenig. Schließlich erlitt ich dann eine Panikattacke in meiner Abteilung, mitten auf dem Flur, alle bekamen es mit.

Ich war dann erst einmal arbeitsunfähig.

Therapeut: *Brachten die weiteren Entwicklungen eine Klärung?*

JONAS: Ich konnte die Situation für mich weitgehend klären, jedoch wird das wohl mittelfristig für mich Konsequenzen am Arbeitsplatz haben.

Therapeut: *Inwiefern?*

JONAS: Ich konnte mit meinem Partner immerhin klären, dass wir beide die eingetragene Partnerschaft und auch die kirchliche Segnung anstreben und beide diese Schritte wollen. In einem zweiten Schritt entschloss ich mich, den Arbeitgeber auf meinen Lebensstand zu gegebener Zeit hinzuweisen. Ich wollte „reinen Tisch" machen. Ich wollte die Entscheidungskonflikte loswerden. Ich wollte endlich zu mir und meinem Lebensentwurf stehen. Auch gegenüber meiner Familie. Dort kann ich allerdings kaum auf Akzeptanz hoffen.

Der Arbeitgeber reagierte befremdlich. Man teilte mir mit, zu gegebener Zeit mit mir nochmals das Gespräch suchen zu wollen. Das Schlimmste aber war, dass mich der Bistumsvertreter in der Krankenhausleitung im Ungewissen ließ. So läuft das, man spielt die Machtverhältnisse aus, reizt sie aus. Meine Hinweise auf den Umstand, dass ich unter dieser Konstellation psychisch erkrankte, quittierte man mit einem Kopfschütteln. Mehr als: „Gehen Sie es mit Gelassenheit an!" bekam ich nicht zu hören.

Therapeut: *Wie sieht nun die aktuelle Situation aus?*

JONAS: Ich arbeite immer noch in Leitungsfunktion. Meine Versagensängste sind immer noch präsent, ich kann sie aber besser kontrollieren. Dank der medikamentösen Unterstützung habe ich einige Panikanfälle verhindern können. Wichtig ist, dass meine privaten Verhältnisse stimmen, ich kann dort vertrauen. Aber die Panikattacken bin ich noch nicht gänzlich losgeworden. Ich arbeite daran.

Nach wie vor bin ich von der Gefühllosigkeit in den Etagen der Klinikleitung geschockt. Für die Kirche habe ich mich jahrelang eingesetzt, habe mich engagiert und den kirchlichen Innenraum lange Zeit als verlässlich erlebt. Aber das war ein Trugschluss. An den entscheidenden Stellen versagen dann die Strukturen doch wieder. Das kirchliche Arbeitsrecht scheint sich für nicht wenige Arbeitnehmer regelrecht zu einer Geißel entwickelt zu haben. Ich habe mittlerweile gehört, dass es sogar eine Selbsthilfegruppe gibt für Mitarbeiter der Kirche, die Ähnliches wie ich erlebt haben. Ich überlege mir die Teilnahme an einer solchen Gruppe.

Um die Situation für mich generell klären zu können, werde ich wohl mittelfristig eine Veröffentlichung meines Falles erwägen. Ich muss einfach in geregelten Verhältnissen weiterleben können. In acht Wochen werden wir unsere eingetragene Partnerschaft vollziehen, eine kirchliche Segnung haben wir bereits organisiert. Aber die Angst vor der Angst habe ich behalten, sie wird mich wohl noch länger begleiten

Fluchträume III –
die Angst vor der Angst

Die bereits hausärztlich bei JONAS diagnostizierte Panikstörung konnte nachfolgend auch in therapeutischer Praxis bestätigt werden.

Bei JONAS flossen verschiedene, die Angststörung begünstigende Stressoren und Faktoren zusammen, die dann zu einer Angstüberflutung auf körperlicher Ebene geführt hatten und über Monate zu immer wiederkehrenden Panikattacken.

Angstanfälle bei einer Panikstörung erscheinen den Betroffenen sehr häufig zunächst als inhaltslos, ohne Grund dann plötzlich auftretend. Häufig finden sich eine angeborene Ängstlichkeit vor ungewohnten Situationen, verstärkt durch ängstigende, überkontrollierende elterliche Verhaltensweisen (die auch von JONAS anamnestisch bestätigt worden waren) zu unvollständig gelösten Konflikten um Abhängigkeit und Unabhängigkeit. So können panikanfällige Personen in der Tat besonders sensibel gegenüber befürchteten Trennungserlebnissen sein und zeigen dann eine emotionale Abhängigkeit zu nahen Partnern (im vorliegenden Fall geprägt durch die Verlustängste von JONAS).

Erklärungsmodelle zur Panikstörung beruhen auf der Annahme, dass bei anfälligen Betroffenen eine Rückkoppelungsschleife eintritt zwischen körperlich wahrgenommenen Sensationen (Veränderungen des Herzschlages, Atemnot, Schwindel) und konkreten Bewertungsvorgängen einer subjektiv als bedrohlich wahrgenommenen Situation (drohender Arbeitsplatzverlust, Versagensängste, Verlustängste). Entscheidend sind dabei die automatisch einsetzenden Einschätzungen im Sinne einer „unmittelbar drohenden Gefahr“, die zu einem weiteren Anstieg des Erregungsniveaus führen und schließlich in einen nicht zu unterbrechenden Circulus vitiosus (Kreislauf) der Angst einmünden können.

Gerade bedeutsame Lebensereignisse tragen zur Auslösung von Panikstörungen bei, insbesondere Ereignisse mit Bedrohungscharakter dominieren. Eine befürchtete Trennung in der Partnerschaft, ein befürchteter Arbeitsplatzverlust und drohende anhaltende Inakzeptanz der eigenen Lebensentwürfe (wie auch im hier vorliegenden Fall) tragen häufig zu der Auslösekonstellation bei.

Ein fast regelhaftes Ergebnis aus wiederkehrend hilflos und unkontrollierbar erlebten Angstanfällen ist die sogenannte „Angst vor der Angst“, die wiederum im Sinne einer selbsterfüllenden Prophezeiung die Wahrscheinlichkeit erneuter Panikattacken erhöht.

Die extreme Angst wird bei den Betroffenen regelhaft bestimmt von körperlichen Symptomen, wie Herzklopfen oder Herzrasen, Schmerz oder Engegefühl auf der Brust sowie Atemnot. Eine zudem einsetzende Steigerung der Atemfrequenz kann selbst wiederum zu neuen Symptomen oder auch zu Schwindel führen. Andere körperliche Symptome sind beispielsweise Übelkeit, Harndrang, verschwommenes Sehen und extreme Müdigkeit.

Eine charakteristische Panikattacke weist häufig einen typischen Beschleunigungseffekt auf, erreicht nach ca. zehn Minuten ihren Höhepunkt und flaut innerhalb der nächsten zehn bis 20 Minuten langsam wieder ab. Häufig erleben die Betroffenen das Einsetzen der Panik subjektiv als grundlos, wie „aus heiterem Himmel“. Einige Betroffene sind dazu in der Lage, eine Reihe von sogenannten Triggerreizen zu schildern, die die Auslösung einer Panikattacke begünstigen können (wie beispielsweise emotionale Belastung, Ärger, körperliche Anstrengung, Konsum von Drogen, Alkohol oder Koffein).

Der Beginn einer Panikstörung ist meist plötzlich, unerwartet, in einigen Fällen auch nach einer am Anfang stehenden Phase einer sich aufbauenden Ängstlichkeit. Der Beginn ist häufig mit belastenden Lebensumständen verbunden. Zum klinischen Verlauf dieser Erkrankung ist auszuführen, dass Betroffene entweder nur gelegentlich erneut auftretende spontane Angstanfälle erleiden oder – infolge einer furchtsamen Entwicklung im Hinblick auf eine Wiederkehr dieser Attacken – ein sogenanntes chronisches Angstsyndrom entwickeln.

Nicht wenige Betroffene entwickeln zudem im Hinblick auf die befürchteten weiteren Angstattacken („Angst vor der Angst") ein regelrechtes Vermeidungsverhalten vor Situationen, die eine Panikattacke auslösen könnten. Im Extremfall führt diese Entwicklung zur vollständigen Vermeidung sozialer Kontakte und dem Aufsuchen von öffentlichen Plätzen.

Auch im Falle von JONAS kann der fast beispielhafte Verlauf seiner Panikstörung an einzelnen Stationen seiner Krankheitsentstehung mitverfolgt werden. Die eine Angststörung begünstigenden Voraussetzungen waren bereits durch die Beziehungsstruktur im Elternhaus, durch die so vorgeprägte ängstliche Grundhaltung des Betroffenen sowie dessen Tendenz zu abhängigen Beziehungsstrukturen geebnet.

Konkret zum Ausdruck kamen die Symptome einer Panikattacke jedoch erst, als JONAS im Gespräch mit dem Arbeitgeber die Aufrechterhaltung seines Lebensentwurfs bedroht sah, welcher bereits zuvor durch seine Herkunftsfamilie nicht ausreichend akzeptiert worden war.

Entscheidend für die Auslösung der Symptomatik war somit die für ihn scheinbar ausweglos dominierende Unvereinbarkeit von kirchlich vorgehaltener und eingeforderter „geregelter Lebensführung", der Fortführung seiner Leitungstätigkeit bei gleichzeitiger Aufrechterhaltung seines privaten Lebensentwurfes (eingetragene Lebenspartnerschaft und kirchliche Segnung).

Der Zusammenfluss sämtlicher miteinander vermeintlich unvereinbarer Konstellationen führte zu einer nachfolgenden Überflutung mit Angstgefühlen.

Die hier thematisierte Unvereinbarkeit von privaten Lebensentwürfen und kirchlich vorgegebenen arbeitsrechtlichen Implikationen bilden reichen Nährboden für Konfliktkonstellationen, deren Ausmaß nicht selten bereits die Krankheitsebene beschreitet und insbesondere auf der Erfahrungsebene als Auslöser für erhebliche psychische Störungen und Beeinträchtigungen betrachtet werden muss.

DIE INDOKTRINIERTEN – Statuten als Machtoption?

KASUISTIK 4:

RUTH (33 Jahre)

Anamnese:

Als RUTH sich erstmals in unserer Praxis vorstellte, hatte die erst 33-jährige Frau einen eindrücklichen Leidensweg hinter sich gebracht, einen längeren Aufenthalt in einer psychiatrischen Klinik absolviert, verschiedene ambulante therapeutische Maßnahmen in Angriff genommen, mittlerweile eine Familiengründung vollzogen und war zum Zeitpunkt ihrer Vorstellung Mutter eines dreijährigen Sohnes. Die Strukturen ihrer Familie, ihre eigene Fürsorge für ihr Kind sowie letztlich die umsorgende und wertschätzende Haltung ihres Ehemannes gaben ihr den notwendigen Halt und die erforderliche Stabilität, um über ihre schmerz- und leidvoll erfahrene Vergangenheit, die auch Teil ihres Lebens war, im Rahmen einer erneut aufgenommenen stabilisierenden Gesprächstherapie über das Erlittene zu berichten.

RUTH wurde in einen kinderreichen elterlichen Haushalt hineingeboren. Sie ist das mittlere Kind von insgesamt fünf Geschwistern. Sowohl die Eltern als auch zwei ihrer Geschwister waren und sind in einer Neuen geistlichen Gemeinschaft engagiert tätig und organisiert.

Bereits zu Beginn ihres jugendlichen kirchlichen Engagements entschied sich RUTH für den geistlichen Weg des Eintritts in die Schwesternkongregation dieser Neuen geistlichen Bewegung.

Nach ihrer Gymnasialzeit und der Erlangung ihres Abiturs trat RUTH somit – wie geplant – in das Postulat der Schwesterngemeinschaft ein – zu diesem Zeitpunkt restlos von den über die Geistliche Gemeinschaft vermittelten Glaubens- und Lebensgrundhaltungen überzeugt. Ihr Eintritt war von zweifelsfreier Überzeugung und von einer spirituellen Begeisterungsfähigkeit, dabei aber auch von demütiger Grundhaltung und – wie sie beschrieb – von Opferbereitschaft geprägt.

Im Laufe der in der Schwesterngemeinschaft folgenden sieben Jahre geriet RUTH nun in ein sich stetig über ihr stringenter zusammenziehendes Fadenkreuz des emotionalen und geistlichen Missbrauchs, dessen Charakter sie jedoch nur schrittweise, aber kontinuierlich, zu erkennen vermochte. Dennoch gelang es ihr in den ersten Jahren ihres Verbleibs in der Schwesterngemeinschaft nicht, diese Erkenntnisse, die in ihrem Inneren zu immer größerer Gewissheit heranreiften, zu verbalisieren, geschweige denn, sich Mitschwestern anzuvertrauen oder gegenüber Vorgesetzten zu artikulieren.

RUTH durchlief die einzelnen vorgeschriebenen Phasen in der Schwesterngemeinschaft, absolvierte nach dem Postulat das Noviziat, legte ihre zeitlichen Gelübde ab, begann ihr Terziat und gelobte abschließend ihre Mitgliedschaft auf Lebenszeit („auf ewig"). Ein Jahr nach dem Ablegen der Gelübde auf Lebenszeit ereignete sich sodann die bis dato größte seelische Katastrophe ihres Lebens. RUTH wurde suizidal und konnte kurz vor dem Umsetzen des geplanten Selbstmordversuches der Behandlung in einer einer psychiatrischen Klinik zugeführt werden.

Diesem „Ende mit Schrecken" ging jedoch ein „Schrecken ohne Ende" voraus. In den vorangehenden Jahren durchlebte die junge Frau eben jene charakteristischen Episoden des geistlichen Missbrauchs, welche sie über die vollständige Enteignung ihrer Privatsphäre, das eingrenzende Eingreifen der Schwesterngemeinschaft durch subtile Kontaktverbote sowie über die Erfahrung einer Überidealisierung einer sich elitär präsentierenden Gemeinschaft zur völligen Entwertung bis hin zur Erniedrigung ihrer eigenen Persönlichkeit führten.

Auf diesem Weg erlitt RUTH, neben anfänglichen depressiven Episoden, die von zahlreichen ungelösten Fragen begleitet wurden, eine Traumatisierung ihres eigenen Persönlichkeitskerns schweren Ausmaßes, welche in eine Posttraumatische Belastungsstörung einmündete und zum Zeitpunkt ihres geplanten Suizidversuches in eine andauernde Persönlichkeitsveränderung (im Sinne eines chronischen Zustandes nach Traumatisierung) überzugehen drohte.

Erst im Rahmen ihres ersten mehrwöchigen und bisher einzigen Klinikaufenthaltes in einer psychiatrischen Klinik gelang es ihr, sich ausreichend zu öffnen und über das Geschehene zu berichten. Nach ausreichender Stabilisierung durchlief RUTH mehrere Ansätze von Gesprächstherapien, die zu einer langsamen, jedoch kontinuierlichen Stabilisierung beitragen konnten. Nach dreijähriger Behandlungszeit öffnete sie sich für neue Lebenswege, lernte ihren späteren Ehemann kennen und gründete eine Familie. Die Geburt ihres Sohnes gab ihr neuen Lebenssinn. Auf Basis einer so gewonnenen Zuversicht entschloss sie sich, als das Kind drei Jahre alt war, nochmals zur Aufnahme einer Gesprächstherapie, um rückblickend Bilanz ziehen zu können und die erlittene Traumatisierung aufarbeitend betrachten zu können.

Erfahrungsbericht:

Therapeut: Nach allem, was Sie bisher durchlebt haben, verfügen Sie derzeit über beachtliche psychische Ressourcen. Sie haben Ihr Leben wieder neu aufgebaut, der Lebensstruktur einen neuen Sinn verliehen. Wie können Sie heute auf das Erlebte zurückblicken?

RUTH: Ich brauchte einige Jahre der Therapie, um überhaupt eine Struktur und Ordnung in die Vorgänge bringen zu können, die mich in den sieben Jahren der Mitgliedschaft bei den Schwestern überfluteten. Heute kann ich die einzelnen Vorgänge und Abläufe besser einsortieren. Ich konnte erkennen, dass sich der geistliche Missbrauch eigentlich auf vier größere Komplexe bezog. Ich werde versuchen, diesen einzelnen Bereichen entsprechend Rechnung zu tragen:

Der erste Komplex betrifft die Grenzverletzungen, denen ich ausgesetzt war:

Dazu kann ich sagen, dass die Privatsphäre meiner Person immer wieder zutiefst verletzt wurde. Mein Schutzraum und meine Würde wurden missachtet. Eine Geistliche Begleitung wurde nur innerhalb der Gemeinschaft angeboten. Die Person, welche die Geistliche Begleitung durchführte, gab die Inhalte nachweislich an die Leitung der Gemeinschaft weiter. Auf diese Weise wurden meine Schwächen gegen mich gewandt durch mehr oder weniger intendierte oder auch verhüllte Bemerkungen.

Die Kontaktverbote in der Gemeinschaft haben mich psychisch schwer belastet. Wir lebten als Schwestern in starren, engen Grenzen. Beziehungsstrukturen wurden von den Vorgesetzten einfach verzweckt. Wir hatten auch Vorschriften, was an Literatur gelesen werden durfte. Diese Vorschriften kamen nahezu Denkverboten gleich. Durch das ausschließliche Lesen derjenigen Werke, die auf der Liste standen, habe ich mich mit der Zeit regelrecht versklavt gefühlt. Das Eindringen in meine Privatsphäre und die Kontaktverbote schufen einen sehr eingeschränkten Freiraum. Ich kann heute sagen, ich lebte in einer „totalen Institution". Wir hatten so etwas wie eine Milieukontrolle. Das heißt, es gab kontrollierte Beziehungen zur Außenwelt, es gab konkret ausgesprochene Kontaktverbote sowie auch Leseverbote und auch ein Fortbildungsverbot. Die eingeschworene Gemeinschaft unserer Schwesterngruppe hatte letztendlich höhere Ziele als die Außenwelt. Zudem wurden wir dazu gedrängt, eine nicht erreichbare Perfektion anzustreben. Dabei wurde stets die Perspektive vermittelt, dass die Überzeugungen der Gruppe unantastbar seien.

Therapeut: *Eine Benennung dieser Strukturen war demnach damals vor Ort nicht möglich?*

RUTH: Unmöglich. Wir hatten uns ja bei unserem Eintritt mit den Statuten vertraut gemacht und diese anerkannt. Dass diese dann wesentlich anders ausgelegt und überkontrollierend angelegt waren, konnte man zunächst kaum erkennen.

Auf subtile Art und Weise wurden aus den Grenzverletzungen entsprechende Eingrenzungen. Es wurde darüber verfügt, wie Zugänge zu anderen Menschen außerhalb der Gemeinschaft, aber auch zu unseren eigenen Gedanken und zu dem Ideal unserer Gruppe zu gestalten waren.

Damit komme ich zu dem zweiten Komplex der missbräuchlichen Strukturen. Beispielsweise wurde in der Gruppe anhaltend ein „Schwarz-Weiß-Denken" gefördert. Die dabei zum Ausdruck kommende Sprache war bedeutungsam bivalent und symbolistisch überladen. In der Regel gab es nur ein „Entweder-oder". Die Gruppe war stets wichtiger als das einzelne Individuum. Ich fühlte mich schon nach zwei Jahren wie indoktriniert.

Der elitäre Aspekt der Gemeinschaft leuchtete an allen Orten. Vermittelt wurde uns die Maxime, wer dazugehört ist „Insider", alle übrigen und die anderen – und das sind natürlich viele – sind „Outsider". Insider werden gerettet, Outsider sind dem Unheil verschrieben, ja verdammt. Schlimm ist dabei, dass die Ausgegrenzten, die sogenannten Abweichler, die sich gegen die Doktrin äußern, entwertet werden, nicht ernst genommen werden. Im Zweifelsfalle werden sie pathologisiert („Die ist ja krank, die benötigt Hilfe.").

Letztlich wurde die langsam und schleichend vorgenommene Abschottung von der Außenwelt durch die – über die Statuten abgesicherten – Strukturen erzwungen.

Therapeut: *Wie kamen die übrigen Missbrauchsstrukturen zum Ausdruck?*

RUTH: Der dritte Komplex bezog sich auf die Idealisierung der

Gemeinschaft, eigentlich handelte es sich um eine Überidealisierung. Die Schwesterngemeinschaft vertrat ein deutlich elitäres Selbstbild. Wir lebten auf einer Basis von künstlicher Überhöhung und anhaltender Idealisierung. In diesem Lichte präsentierte sich auch die Generalleitung.

So, wie es uns vermittelt wurde, war die Leitung perfekt, unangreifbar und stets in ihren Entscheidungen von Gott erleuchtet.

Wer mit diesen Strukturen und auf Basis dieser Strukturen ein Problem hatte, wurde ganz einfach selbst zum Problem gemacht. Die Struktur und geistige Haltung der Bewegung wurde als „einzig wahre" Grundhaltung zur Darstellung gebracht.

Therapeut: *Sie sprachen auch von dem Verlust Ihrer eigenen Würde, von Entwertung und Erniedrigung…*

RUTH: Richtig, diese Erlebnisse beziehen sich auf den vierten Missbrauchskomplex, dem Entzug der menschlichen Würde. Ich bezeichne diesen Bereich als den narzisstischen oder den machtorientierten Komplex.

Durch die Überidealisierung der Strukturen unserer Gemeinschaft wurden wir im Alltag nahezu ständig entwertet. Die Einzelne, der Mensch als solcher, das Individuum zählten überhaupt nichts. Das Aufkommen individueller Bedürfnisse wurde als „negativ" bewertet. Persönliche Impulse, Wünsche, eigene individuelle Ansätze wurden sehr negativ bewertet. Vielmehr sollte es darum gehen, diese abzuschneiden, zu unterdrücken und auszublenden.

Das ging so weit, dass bereits die Wahrnehmung eigener Gefühle als inexistent betrachtet wurde. Das für Menschen einfach typische und normale Versagen war in diesem System nicht vorgesehen. Es gab einfach kein Recht auf Versagen.

Auf Basis der Diskrepanz zwischen einer beständigen Überhöhung der immer gleichen Personen und einer ebenso anhaltenden Erniedrigung der gewöhnlichen Mitglieder eröffnete sich ein Raum anhaltender Frustration. Gleichzeitig wurde uns vermittelt, dass die von uns abgeforderte und erwartete Perfektion, menschlich gesehen, niemals erreicht werden könne.

Diese Dynamik, einem sehr gefährlichen Gemisch aus Überidealisierung und Entwertung, kannte bei uns keinerlei Graustufen.

So kam es, was letztlich unausweichlich blieb: In unserer Gemeinschaft wurde anhaltend „gespalten". Die Spaltung förderte den Machterhalt der Leitung. Insofern kann ich heute schon sagen, dass diese Spaltungstendenzen die narzisstischen Strukturen der gesamten Schwesterngemeinschaft charakterisieren.

Die für uns vorgesehenen sogenannten „Ideale" schnitten die Realität einfach ab. Nach vier Jahren fehlte mir die Luft zum Atmen.

Es gibt praktisch keine Möglichkeiten oder Alternativen, dieser so gelebten Überlegenheit der Leitung real zu begegnen. Im Gegenteil, die Überlegenheit der Leitung wurde noch dazu genutzt, um die Verletzung der Privatsphäre jeder Einzelnen zu rechtfertigen. Im Rahmen der Pervertierung dieser Vorgänge wurde dieses Vorgehen dann fälschlicherweise noch als Hilfsangebot gedeutet – was letztlich dazu führte, dass ich nur noch tiefer in die Depression stürzte.

Letztlich führte das in der Zusammenfassung, soweit man das überhaupt zusammenfassen kann, zu einer kompletten Auflösung meiner Privatsphäre, zu massiven Kontakteinschränkungen und zu meiner Entpersönlichung. Ja, heute kann ich von Entindividualisierung sprechen. Es gab einen völlig überhöhten Leistungsanspruch. Der eigene persönliche Selbstwert wurde an unser Leistungsverhalten gekoppelt. Die gesamte Gemeinschaft war von einem deutlichen Machtgefälle bei anhaltendem Bestreben zum Machterhalt geprägt. Die ganze Schwesterngemeinschaft präsentierte sich in einem einzigen hierarchischen Konstrukt.

Therapeut: *Gibt es etwas, was Sie heute – rein hypothetisch formuliert – den Schwestern sagen würden, insofern man ein solches Aufeinandertreffen überhaupt in die Vorstellung bringen würde?*

RUTH: Ja, selbstverständlich. Die Vorgänge entsprechen schweren Anschuldigungen gegenüber der Gemeinschaft. Ich habe sie aber real erlebt. Nicht nur ich. Aber viele waren nicht so weit unten wie ich. Andere sprechen nicht, andere Schwestern haben anderen Leidensdruck. Nach entsprechender Prüfung der einzelnen Sachverhalte – wozu es Dokumente und zeugenschaftliche Angaben gibt – erwartete ich von der Generalleitung, dass sie den Mut aufbringt, sich bei uns Frauen für das zugefügte Unrecht, das Leid, den Missbrauch und natürlich auch für die zahlreichen Lügen und Verleumdungen zu entschuldigen und die Verantwortung zu übernehmen. Die ganze geistliche Bewegung müsste eigentlich sehen, was da läuft. Nur dann kann es eigentlich einen Neuanfang geben. Alle übrigen Wege führen auf Dauer zu keinem guten Ziel. Ich gehe davon aus, dass die missbräuchlichen Strukturen fortgesetzt werden.

Therapeut: *Gab es im Verlaufe dieser Jahre auch Situationen, in denen Sie noch in der Lage waren, die missbräuchlichen Strukturen zu erkennen und klar festzustellen: Das will ich nicht mehr, ich höre auf, ich trete aus? Gab es Momente solcher innerer Klarheit?*

RUTH: Ja, die gab es auch, zeitweise. Etwa nach dem Ablegen der „ewigen" Gelübde. Natürlich wollte ich ursprünglich meine Persönlichkeit nicht zerstören lassen. Ich sah natürlich auch, dass ich auf Basis einer von mir gewünschten Freiheit keine Möglichkeiten hatte, diese Kraft in meiner Natur als Frau zu entwickeln. Dabei ist Christus immer mein Bezugspunkt geblieben. Ich habe mir auch des Öfteren vor Augen gehalten, dass ich nicht leben kann, was ich leben will. Auch, dass überhaupt nicht zum Tragen kommt, was mich tragen soll. Immer dann, wenn man mit den Verhältnissen in der Gemeinschaft nicht zurechtkommt, wird das von der Leitung an die Berufungsfrage geknüpft. Mir wurde dann geantwortet, meine Einwände seien nicht gerechtfertigt, da meine Mitschwestern diese nicht so empfänden. Es wurde darauf verwiesen, dass die Mitschwestern teilweise noch schlechtere Bedingungen hätten und auch nicht jammern würden. Natürlich, ich hatte den inneren

Druck, einem Bild zu entsprechen, das man von mir erwartet. Ich konnte nicht diejenige sein, die ich eigentlich war. Sämtliche Einwände, die ich auf diese Weise erfahren habe, hatten Vorwurfscharakter. Ich habe mir gesagt: Egal, was du tust, es passt immer nicht! Es bestand eben nicht die Freiheit, dass mir zugetraut wurde, die Dinge selbst gut zu gestalten.

Zu keinem Zeitpunkt gab es die Möglichkeit zum religiösen Wachstum. Aus der anfänglichen Unbefangenheit wurde mit der Zeit kluge Vorsicht. Irgendwann war ich innerlich kein freier Mensch mehr. Mein Verhalten wurde zensiert. Letztlich kamen mir meine inneren Stimmen und auch meine Gefühle sogar fremd vor. Das war dann der Zeitpunkt, an dem ich begann, mich aus meiner eigenen Persönlichkeit zu verabschieden.

Therapeut: *Können Sie beschreiben, welche psychischen Veränderungen Sie mit der Zeit an sich wahrnahmen, wie Sie darauf reagiert haben und wie diese Entwicklungen schließlich zu dem Entschluss führten, aus dem Leben zu scheiden?*

RUTH: Ja, heute kann ich dazu Stellung nehmen, obwohl es immer noch schwer ist.

Mit den einzelnen Missbrauchskomplexen vergleichbar, durchlief ich gleich mehrere Stadien, die schleichend zu meiner Traumatisierung und meiner Entpersönlichung führten. Am Ende war ich nicht mehr ich selbst, ich sah keinen Sinn mehr im Leben – auch, weil ich mir sagen musste, an meiner Berufung gescheitert zu sein. So habe ich es damals gesehen.

Zunächst wurde ich freudlos, später dann anhaltend depressiv. Meine Verhaltensänderung wurde bemerkt, aber man riet mir, nur noch mehr an meiner Grundhaltung zu arbeiten, mich zu perfektionieren. Ich verlor schrittweise mein Selbstvertrauen, dann meinen Selbstwert, dann meinen Glauben an mich, dann meinen Glauben an einen solchen Gott, der diese Strukturen angeblich guthieß. Meine zwischenmenschliche Kommunikation nahm ab, ich wurde dann aber gemaßregelt. Auf die Idee, dass ich vielleicht therapeutische Hilfe benötige, kam keine einzige Person aus der Leitung. Nach der Depression kam die Angst. Vor mir tat sich ein dunkler Schlund auf, ich fühlte mich anhaltend psychisch belastet. Auch mein Körper revoltierte, ich schlief kaum noch, hatte Verdauungsprobleme, auch zeitweise, wenn die Ängste in mir hochstiegen, Atemprobleme. Ich glaube, einmal hatte ich eine Angstattacke. Parallel hierzu stellten sich die Schuldgefühle ein, ich litt unter erheblichen Schuldgefühlen. Auf Basis dessen, was ich bereits berichtet habe, nimmt es nicht wunder, dass Schuldgefühle die unweigerliche Folge meiner an mir erfahrenen Reaktionen gewesen sind. Ich glaubte zeitweise selbst, mich versündigt zu haben, auf dem Abweg zu sein, mich verirrt zu haben. Ich hatte mich auch tatsächlich verirrt – aber natürlich auf andere Art und Weise. Aus diesem Strudel kam ich lange nicht mehr heraus.

Heute habe ich den Schwestern vorzuwerfen, dass sie fahrlässig gehandelt haben, dass sie meine psychische Erkrankung schweren Ausmaßes nicht gesehen, erkannt haben oder nicht sehen wollten. Ich war derart in das System verbaut, dass ich nicht mehr herauskam.

Dann hörte ich von einer Mitschwester, dass es früher mal einen Suizidversuch gegeben habe. Von einer Brücke, in den nahegelegenen Fluss. Fortan war ich wie fixiert auf diesen Gedanken. Er nahm immer mehr von mir Besitz. Letztlich war es für mich die Lösung, der Gedanke eine Erlösung. Ich hatte dann nichts mehr zu verlieren. Ich schrieb einen Abschiedsbrief – da befand ich mich in einer schweren Depression –, ließ ihn im Zimmer zurück und ging einfach los, Richtung Stadt, Richtung Brücke. Ich kann heute nicht sagen, ob ich es getan hätte. Es war aber schon befreiend, einen eigenen Entschluss getroffen zu haben. Somit ging ich los.

Therapeut: *Glücklicherweise haben Sie wohl den Brief offen zurückgelassen, eine Mitschwester fand das Schreiben und alarmierte die Generalleitung…*

RUTH: Ja, es sollte so nicht kommen. Ich bin dankbar dafür. Ich konnte ein neues Leben beginnen. Das war ein harter und steiniger

Weg. Ich musste erst wieder lernen, anzunehmen. Ich kam dann in die städtische Psychiatrie und wurde sofort medikamentös behandelt. Ich hatte viel Zuwendung. Die Suizidimpulse verschwanden relativ rasch. Die behandelnden Ärzte erarbeiteten mit mir meine Leidensgeschichte und vermittelten mir, ich sei durch die jahrelangen Verhältnisse erheblich traumatisiert. Sie diagnostizierten eine Posttraumatische Belastungsstörung. Nach sechs Wochen wurde ich zu meiner Familie nach Hause entlassen. Die habe ich immer über alle Entwicklungen hinweggetäuscht. Besuche der Familie verliefen stets fassadenhaft. Die hatten schon auch den Eindruck, dass es mir nicht gutging. Ich habe das immer abgestritten.

In den darauffolgenden Jahren habe ich alles Schritt für Schritt aufgearbeitet. Aber ich hatte regelmäßig Heimsuchungen von den schrecklichen Erinnerungen, Flashbacks nennt man das. Ich durchlebte viele Situationen nochmals. Ich stürzte immer wieder emotional ab, fing mich wieder, begann von vorne, stürzte wieder ab, und so fort. Ich habe dabei aber meinen Glauben wiedergefunden.

Lächeln.

Therapeut: *Dann wurde Ihnen tatsächlich ein neues Leben geschenkt, auch dank Ihrer bewundernswerten Kraft und dem Mut, neu anzufangen …*

RUTH: Ich kann Gott nicht genug für meine innere Befreiung danken. Ich habe dann gleich so viele Geschenke erhalten. Einen Partner, der mich liebt, mich umsorgt, sogar ein Kind, um das ich mich kümmern kann.

Minuten des stillen Weinens.

Fluchträume IV – der geistliche Missbrauch

RUTH verfügt über eine hoch ausgeprägte Form der Selbstreflexion. Auf Basis einer jahrelangen Therapie war es ihr möglich, die missbräuchlichen Erfahrungen zu klassifizieren und sehr transparent zu veranschaulichen. Sie stimmte der Veröffentlichung ihres Falles in anonymisierter Form zu.

In der Auseinandersetzung mit der Fragestellung, was wir eigentlich unter geistlichem Missbrauch verstehen können, bleibt zunächst anzuführen, dass es sich dabei um einen Sammelbegriff handelt für verschiedene Formen des emotionalen und/oder des Machtmissbrauchs im Kontext des geistlichen, religiösen Lebens, vor allem in Formen der Begleitung und der Seelenführung, und in geistlichen Gemeinschaften und Gemeinden.[25]

Alternative Begrifflichkeiten erschöpfen sich auch in dem Wortgebrauch von „spirituellem" oder „religiösem" Missbrauch. Unzweifelhaft gibt es Schnittmengen zwischen geistlichem Missbrauch und sexuellem Missbrauch. Wo entsprechend Grenzen verletzt werden in einem Bereich, kann immer auch die Hemmschwelle derart sinken, auch missbräuchlich in dem anderen Bereich zu wirken. Natürlich aber gibt es sexuellen Missbrauch ohne geistlichen Missbrauch, und ebenso selbstredend geistlichen Missbrauch ohne sexuelle Handlungsimpulse.

Geistlicher Missbrauch wird dann letztlich fatal, wenn er lebensverneinende Impulse in den Betroffenen wachruft und im schlimmsten Fall zum Suizid führt. In sämtlichen Fällen geht es aber letztlich um Machtstrukturen, die missbräuchlich eingesetzt werden.

Insgesamt vier Aspekte kennzeichnen den geistlichen Missbrauch – welche auch in transparenter Form von der Betroffenen RUTH fast ebenso gleichlautend benannt wurden:

Der erste, so benannte, Komplex charakterisiert die Grenzverletzung. Geistliche Grenzverletzungen verletzen immer auch die

Privatsphäre einer Person, welche sodann in der Konsequenz den Schutzraum verliert, der ihrer Würde zukommt, den innersten Ort des Intimen.

Gerade in geistlichen Gemeinschaften dominiert häufig die Grundhaltung „Leitung übernimmt Begleitung", sodass häufig auch die Gefahr, leider auch die Praxis besteht, dass die Begleiter das im Seelsorgebereich Erfahrene an die jeweilige Leitung weitergeben. Diese Feststellungen gelten natürlich auch analog für geistliche Begleitprozesse, innerhalb derer dann die Gefahr besteht, dass in diesem Kontext „Gehorsam" als Macht- und Dominanzinstrument missbräuchlich eingesetzt wird.

Der zweite Komplex bezieht sich auf die Begrenzung in Systemen geistlichen Missbrauchs. Die auch von RUTH benannten starren und engen Grenzen begrenzen das menschliche Individuum und seine Freiheit in vielfältiger Weise. Beispielsweise durch Kontaktverbote, die sich auf andere Menschen beziehen, die nicht zur Gemeinschaft gehören. Entscheidend bleibt dabei, auf welcher verbalen oder nonverbalen Ebene diese Botschaften vermittelt werden. Subtil abwertende Botschaften (Untertöne, verwirrende und abwertende Gesten und Mimik) tragen das ihre zur missbräuchlichen Haltung bei. Immer auch besteht die Gefahr der Verzweckung von Beziehungsstrukturen. Hinzukommen können Denkverbote, Literaturauswahl oder die Reduktion der Weiterbildung auf Werke von Gründergestalten.

Bereits RUTH sprach hier von einer Versklavung des Ichs oder der einzelnen Persönlichkeit. Im Extremfall führt diese Grundhaltung zum Ausschluss des Zugangs zu allgemeingültigem spirituellem Wissen und von Erfahrungsgrundsätzen, die dann nicht mehr zugänglich werden sollen. Diese Strukturen führen zu mangelnden Freiräumen, und, wie RUTH es formulierte, zur „totalen Institution".

Katharina Kluitmann führte dementsprechend auch aus, Strukturen von Gemeinschaften mit geistlichem Missbrauch seien sektenähnlich – und wenn man nur etwas genauer hinschaue, betreffe das sogar tatsächlich auch die Lehre, die oft auf den ersten Blick „sehr katholisch" aussehe, was aber meist nicht der Fall sei.[26]

Der dritte Aspekt widmet sich sodann eher psychodynamischen Gesichtspunkten. Hier sind in vergleichbaren Fällen von geistlichem Missbrauch in Gemeinschaften häufig Phänomene von Überidealisierung („Überhöhung") zu beobachten, der elitäre Charakter einer Gemeinschaft dominiert besonders diese Denkstrukturen. Zu einem nicht unerheblichen Anteil beziehen sich die elitären Gesichtspunkte dabei immer auch auf die Leitung, welche als „perfekt, von Gott erleuchtet und unangreifbar" ins Zentrum der Wahrnehmung gerückt werden soll.

Die eigene Praxis erhält selbst den elitären Charakter.

Abweichende Tendenzen werden über Pervertierung umkehrend gedeutet, will heißen (wie RUTH formulierte), „wer ein Problem hat, wird zum Problem gemacht".

Dieser dritte Missbrauchskomplex entspringt mehr als die übrigen Aspekte einer narzisstischen Dynamik oder Grundhaltung.

Oder, nach Kluitmann: Aus einem schwachen Selbstbewusstsein, das sich selbst „schwarz sieht", folgt ein Versuch der Rettung des Selbstwertes durch Überhöhung.[27]

Erste Warnzeichen lassen sich im Umgang mit Aussteigern erkennen. Wer beispielsweise die verbale Ebene von abweichenden Charakteren beschneidet, sie quasi „mundtot" macht, ja letztlich auch den Mitgliedern den Kontakt mit Aussteigern verbietet, hat bereits ein gefährliches Terrain innerhalb des Missbrauchs beschritten.

Die vorbeschriebene Überidealisierung führt letztlich in den vierten Missbrauchskomplex, nämlich in die Entwertung anderer. Das einzelne Individuum, der Mensch in seinen ganz persönlichen und ureigensten Strukturen, wird in einem System des geistlichen Missbrauchs nicht berücksichtigt. In diesem Zusammenhang geht es immer auch darum, die dann tatsächlich so noch definierten individuellen Bedürfnisse abzuwerten, zu verleugnen, zu unterdrücken oder auszublenden. Am Ende dieser Kaskade steht die vollständige Erniedrigung, oder, im schlimmsten Fall, die Entpersönlichung des einzelnen Individuums.

Hinzu kommt noch die Unerreichbarkeit des vorgegebenen Ideals der Gemeinschaft, auf deren Basis eine anhaltende Situation von Frustrationserleben dominiert.

Innerhalb dieser Agitationsräume florieren dann die Spaltungsmechanismen, welche wiederum den narzisstischen Charakter der missbräuchlichen Strukturen einmal mehr bestätigen.

Der „Gewinn" aus derartigen missbräuchlichen Strukturen ist immer auch in den Bereichen von Macht und Kontrolle zu suchen, gemäß der narzisstischen Gesamtlogik, welche das System im Missbrauch hält.

Die nun so breitgefächert wirksamen missbräuchlichen Strukturen des geistlichen Missbrauchs können auf vielfältiger Ebene und in Form abgestufter Graduierungen bei den Betroffenen zu unterschiedlichen Ausformungen seelischen Leidens führen.

Betroffene, denen es gelungen ist, missbräuchliche Strukturen zu verlassen, oder welche auf Basis fremder fachspezifischer Hilfe aus diesen Strukturen herausgeholt werden konnten, berichten häufig über affektive Begleiterscheinungen in Form von Depressionen, welche sämtliche Abstufungen bis hin zur schweren depressiven Episoden annehmen können. Im schlimmsten Fall gehen diese einher mit suizidalen Impulsen, an deren Ende der tatsächliche Suizid stehen kann.

Ebenso häufig betrachten wir narzisstische Krisen mit erheblich ausgebildeten abhängigen Strukturen. Es finden sich Angsterkrankungen in Form von Panikstörungen, darüber hinaus auch akute Belastungsreaktionen mit Anpassungsstörungen.

Psychosomatische Erkrankungen, die den Bewegungs-, den Verdauungsapparat und das Atmungssystem betreffen, sind ebenso vorzufinden wie auch durch anhaltende Schuldkomplexe ausgelöste Zwangsimpulse mit vollkommenem Verlust der Tagesstruktur.

Besonders lange anhaltende und besonders schwerwiegende missbräuchliche Einwirkungen können zu einer Traumatisierung schweren Ausmaßes führen, die dann in eine Posttraumatische Belastungsstörung einmünden können, im Extremfall geht diese über in einen Zustand der Entpersönlichung nach anhaltender Traumatisierung. Unter diesen Umständen können ebenfalls suizidale Impulse entstehen.

Geistlicher Missbrauch in geistlichen Gemeinschaften ist ein aus psychiatrischer Sicht keinesfalls zu unterschätzendes Phänomen, welches – wie am Beispiel von RUTH eindrucksvoll erkannt werden konnte, die sicherlich keinen Einzelfall darstellt – zu einem derartigen Ausmaß an menschlicher Traumatisierung führen kann, dass der psychische Zustand der Betroffenen im Extremfall mit lebensbejahenden Impulsen nicht mehr vereinbar bleibt.

DIE BESCHULDIGTEN – Instrumentalisierte Sündenböcke?

KASUISTIK 5:

STEPHAN (63 Jahre)

Anamnese:

STEPHAN ist ein 63-jähriger katholischer Priester einer deutschen Diözese. Er fand den Weg in unsere Praxis auf recht merkwürdige Art und Weise, die er sich zunächst selbst nicht erklären konnte.

STEPHAN betrat sehr ängstlich und unsicher die Praxisräume, verhielt sich anfangs sehr zurückhaltend, sprach nur zögernd, so, als gelte es, äußerste Vorsicht und Bedachtsamkeit walten lassen zu müssen. Ohne viele Worte legte er mir zwei Dekrete seines Ortsbischofs auf den Tisch und sagte nur: „Das schlägt doch dem Fass den Boden aus! Das müssen Sie sich mal ansehen, und danach können Sie mich ansehen und Sie werden feststellen, dass ich hier fehl am Platze bin!" Nach Kenntnisnahme der beiden bischöflichen Dekrete waren folgende Sachverhalte daraus zu erlesen: STEPHAN wurde zunächst eine Verwarnung erteilt und ihm der Umgang mit Jugendlichen und jungen Erwachsenen verboten. Zudem wurde ihm verboten, öffentliche Gottesdienste allein zu leiten und die Eucharistie öffentlich zu zelebrieren, um jeglichen Kontakt mit Ministranten auszuschließen.

Es wurde ihm zudem ein Verweis erteilt, da sein bisheriges, dem Zölibatsversprechen widersprechendes Verhalten dazu geeignet gewesen sei, Ärgernis und schwere Verwirrung der Ordnung herbeizuführen.

Es wurde ihm aufgegeben, eine psychologische Begleitung in Anspruch zu nehmen.

In diesem ersten Dekret wurde ausgeführt, dass deutlich geworden sei, dass STEPHAN zu einem übergriffigen Verhalten neige und sich zumindest in der Vergangenheit „zölibatswidrig" verhalten habe. Einem erneuten übergriffigen Verhalten des Pfarrers solle vorgebeugt werden. Die genannten Auflagen seien zunächst für fünf Jahre gültig und würden sodann einer neuen Prüfung unterzogen. Laut dem zweiten vorgelegten Dekret wurde STEPHAN verpflichtet, sich einer Psychotherapie zu unterziehen.

STEPHAN lehnte sich in der Praxis in seinem Sessel zurück, schaute mich lange schweigend an und äußerte nochmals seine Zweifel, bei einem Psychiater an der richtigen Stelle zu sein. Welche facettenreiche Vorgeschichte führte nun zu den beiden Dekreten, die Anlass für den ungewollten Besuch in meiner Praxis waren?

STEPHAN, ein Mensch mit äußerst sensiblen und anlagebedingten ängstlichen Persönlichkeitsanteilen, wurde 1959 in einer mitteldeutschen Kleinstadt als Einzelkind geboren, besuchte das Gymnasium seiner Heimatstadt und studierte nach dem Abitur katholische Theologie. Bevor er jedoch in das Priesterseminar eintrat, beendete er eine mehrjährige partnerschaftliche Beziehung zu seiner Jugendliebe Kathrin, ein tränenreicher und dramatischer Schritt, wie er darlegte. Während seines Studiums und seiner Zeit im Priesterseminar gehörte er zu den Unauffälligen, denen im Hintergrund, die sich nicht vordrängen, aber stets anwesend sind und in aller Vorsicht dem Geschehen folgen. STEPHAN stand zu seiner Persönlichkeit, spürte jedoch bald, dass er sich durch äußere Einflüsse rasch verunsichern ließ, sich dann eher zurückzog oder gestresst reagierte. Solche Situationen bezeichnete er als Stressoren.

Derartige Stressoren waren beispielsweise Prüfungsängste, größere Ansammlungen bei Veranstaltungen im Priesterseminar, Wortbeiträge in Seminaren oder Diskussionsrunden. STEPHAN entwickelte soziale Ängste. Dennoch erbrachte er hervorragende Studienergebnisse, seine profunde Sachkenntnis sprach sich herum. Die Examina bestand er mit Bravour. Seine Leidenschaft war das kanonische Recht und dessen Geschichte (Kirchenrecht).

Seelisch gingen die sogenannten Stressoren jedoch nicht spurlos an ihm vorüber. Die durch anhaltenden Stress ausgelösten Symptome wirkten sich auch auf seine körperliche Gesundheit aus. Er reagierte mit heftigen Verspannungen des gesamten Stütz- und Bewegungsapparates und nachfolgend mit starken Schmerzsyndromen im Bereich des Schultergürtels und der Wirbelsäule, später auch der Extremitäten. Die ärztlichen Konsultationen erbrachten keine organisch nachweisbaren Befunde.

Durch wohlmeinenden Einsatz seiner Lehrer gefördert und empfohlen, kam STEPHAN am Ende seines Studiums zu der Möglichkeit der Aufnahme eines Kirchenrechtsstudiums in Rom. Nach kurzer Zeit des Bedenkens – und nach erfolgter Priesterweihe – nahm er an und zog nach Rom.

In Rom geriet er unter den Einfluss von sogenannten elitären Kreisen. Mitglieder von Opus Dei, den „Legionären Christi" und anderen Organisationen waren allzeit präsent und warben um seine Mitgliedschaft. Dort merkte der eindeutig heterosexuell orientierte

Neupriester sehr rasch, dass man sich häufig in homosexuell orientierten Kreisen bewegte. Zeitweise gewann er den Eindruck, als sei die Vergegenwärtigung einer heterosexuellen Ausrichtung geradezu exotisch, wie er berichtete. Auch STEPHAN geriet in Rom in solche homosexuell dominierte Einflusssphären, innerhalb derer er sich auch mehr als einmal den homosexuellen Annäherungsversuchen von Mitpriestern erwehren musste. Bei zwei dieser Fälle kam es zu deutlichen und unmissverständlichen körperlichen Kontaktaufnahmen, welche er brüsk zurückwies – und prompt die Erfahrung machen musste, dass man ihn in solchen Kreisen fortan entweder nicht mehr beachtete oder aber nicht mehr einlud, ihn sozusagen absonderte und isolierte.

Die Bilanz seiner römischen Zeit fasste STEPHAN in der Formulierung zusammen, dass ihn häufiger dort in gewichtigen Kreisen das unbestimmte Gefühl beschlichen habe, beobachtet, belauert und bewertet, aber auch bedrängt und benutzt zu werden. Trotz seiner zeitweise Aufsehen erregenden wissenschaftlichen Leistungen, die ihn sogar zu einem Posten in der römischen Kurie befähigt hätten, lehnte er den weiteren Verbleib in Rom dankend ab. Als er die „Ewige Stadt" verließ, hatte er eher den Eindruck, sich Feinde gemacht zu haben.

Nach Deutschland zurückgekehrt, versah er über Jahrzehnte sehr erfolgreich und beliebt seinen Dienst in verschiedenen Gemeinden, häufiger jedoch unterbrochen durch Kuraufenthalte, die er aufgrund seiner beständig stärker einwirkenden Schmerzsyndrome vornehmen musste.

Seine psychophysische Leistungsfähigkeit verschlechterte sich jedoch erst ab dem Zeitpunkt seiner intensiver werdenden Kommunikation mit dem Generalvikariat und den Leitungsstrukturen seiner Diözese, als er beabsichtigte, einen Tätigkeitsschwerpunkt in der Trauer- und Hospiz-Seelsorge zu ergreifen. STEPHAN berichtete, sein Ansinnen sei von seinem Bischof nicht nur abgelehnt worden, sondern er habe seit diesem Zeitpunkt vielmehr die von dem Generalvikariat ausgehende emotionale Kälte und Kompromisslosigkeit spüren müssen. Er sei dort eher wie ein Gegenstand, eher wie eine „lästige Sache", aber nicht wie ein Mensch behandelt worden. Nach Ablehnung seines Gesuches sei er sogar gegen seinen Willen versetzt worden, in eine Pfarrei, in die sowieso keiner seiner Mitbrüder gewollt habe.

In dieser Pfarrei häuften sich nun – für STEPHAN jedoch zunächst noch nicht nachvollziehbar – Anschuldigungen von Gemeindemitgliedern gegen seine Person. Anfänglich blieben diese diffus, etwa in der Form, dass man ihm „wenig zeitgerechte Eucharistiefeiern" vorwarf, dann wiederum zu „lange dauernde Sonntagsmessen", letztlich auch „ungenügende Organisationsfähigkeiten". Nachdem sich STEPHAN, welcher sich zuvor viele Jahre in mehreren Pfarreien seines Bistums großer Beliebtheit erfreut hatte, diese Entwicklungen kaum erklären konnte, wurden auch Anschuldigungen formuliert, die für den Priester dann gefährlich wurden. Beispielsweise warf man ihm jetzt Nähe-Distanz-Verletzungen gegenüber Ministranten (Jungen) und Jugendlichen (jungen Männern) vor. Angeblich soll beobachtet worden sein, er habe männliche Jugendliche nach dem Gottesdienst zu lange umarmt.

Völlig fassungslos sprach STEPHAN aus eigenem Antrieb heraus bei dem Generalvikar seiner Diözese vor und brachte die Sachverhalte zum Ausdruck. Dort erfuhr er aber keine Entlastung, sondern musste sich von seinem Generalvikar anhören, dass vor einigen Monaten eine Anzeige gegen ihn eingegangen sei von einem weiteren Priester, welcher ihm eine Distanzverletzung aus der gemeinsamen römischen Zeit vorgeworfen habe. STEPHAN habe Körperkontakt zu diesem Priester und dessen Nähe gesucht.

Zeitraubende Recherchen anlässlich dieses Vorgangs – welcher STEPHAN eben nicht zeitnah mitgeteilt, sondern über Monate im Generalvikariat zurückgehalten worden war – ergaben dann, dass die Anschuldigungen auf einen Priester zurückzuführen waren, der seinerseits, als sich Stephan damals in Rom befand, versucht hatte, ihn für Opus Dei zu gewinnen und wiederholt versucht hatte, mit diesem körperlichen Kontakt aufzunehmen. Nachdem die Sachlage derart offen lag, versuchte STEPHAN sich kirchenrechtlich zur Wehr zu setzen und nahm sich einen Kirchenanwalt. Wie STEPHAN dann berichtete, sei es aber schon zu spät gewesen. Der Bischof habe ihn einbestellt und ihm auf gereizter und moroser Basis zu verstehen gegeben, dass man auf die Anschuldigungen in der Diözese reagieren müsse, zumal auch diese weitere Anzeige vorliege. Man könne „zwei und zwei leicht zusammenzählen, die Sachlage sei offensichtlich, man müsse präventiv reagieren". Auf seine eigenen Argumente sei man zu keinem Zeitpunkt tatsächlich eingegangen. Die Folge des Geschehens kam in den beiden bischöflichen Dekreten zum Ausdruck.

Erfahrungsbericht:

Therapeut: *Nach allem, was Sie bisher berichteten, erschließt sich natürlich noch nicht, inwiefern Ihnen der Bischof auferlegte, sich einer Psychotherapie zu unterziehen. Existiert denn noch ein weiteres Dokument, in welchem die Indikation einer Beratung oder einer Psychotherapie begründet wird?*

STEPHAN: Das ist es ja. Es gibt weder ein Dokument, noch eine Erklärung oder Begründung des Bischofs. Zumal mir ja Taten vorgeworfen werden, die ich schon allein aufgrund meiner sexuellen Grundhaltung und Orientierung nie begehen würde. Erstens habe ich keine homosexuellen Ambitionen, zweitens bin ich schon von meiner Persönlichkeit her derart zurückhaltend, dass man mich schon fast zu einer Umarmung anderer Menschen erheblich überreden oder veranlassen muss. Ich spare sehr mit körperlichen Gesten, auch gegenüber mir sehr vertrauten Menschen oder Familienmitgliedern. Das war immer schon mein Handicap. Ich suche überhaupt nie die Nähe von anderen. Das ist eher mein persönliches Defizit. Jetzt wird mir da etwas angehängt, was ich nicht nur nicht begangen habe, sondern man ruiniert meinen Ruf und meine ganze seelsorgliche Arbeit, die ich die letzten 25 Jahre bewerkstelligt habe.

Anscheinend kann man in der derzeitigen angespannten Kirchenlage jeden zum Psychiater oder Therapeuten schicken, der einem lästig ist oder nicht passt. Mindestens eine Begründung für die Aufnahme einer Therapie hätte ich erwartet. Es gibt ja auch keinerlei Nachweise für mein mir unterstelltes Verhalten. Die mich beschuldigenden Gemeindemitglieder ziehen sich natürlich zurück, wenn man sie konfrontiert.

Therapeut: *Wie wollen Sie reagieren?*

STEPHAN: Ich werde den Fall nach Rom bringen. Das muss kirchenrechtlich geklärt werden. Ich werde rekurrieren, mit meinem Kirchenanwalt, den ich sehr schätze, er ist meine derzeitige einzige Hoffnung.

Therapeut: *Aus welchem Grund haben Sie mich eigentlich aufgesucht?*

STEPHAN: Ich stelle mich allen Facetten dieser Angriffe. Bitte, wenn man meint, ich müsse zum Psychiater, gehe ich zum Psychiater. Sie können sich ja ein Bild von mir machen. Ich höre mir auch Ratschläge gerne an. Ich weiß, dass ich auf Stress mit psychosomatischen Beschwerden reagiere, aber ich habe keine psychische Störung, ich kann klar denken und urteilen, meine Urteilskraft ist nicht gemindert. Ich habe kein sexuelles Problem. Ich kann mich in eine Frau verlieben, aber eben nicht in Männer oder Jugendliche. Ich habe die gesamte Zeit meines Priestertums keine partnerschaftlichen oder sexuellen Beziehungen zu Frauen gehabt. Ich bin weder abartig veranlagt, noch habe ich krankhafte Fantasien. Ich beschäftige mich auch nicht den ganzen Tag mit Sexualität, sondern gehe meinen seelsorglichen Diensten nach.

Therapeut: *Sie sprachen sehr differenziert von Ihren Erlebnissen in Rom. Auch wenn diese Zeit schon länger zurückliegt, inwiefern* *helfen Ihnen diese Erfahrungen, Ihre jetzige Situation besser zu verstehen?*

STEPHAN: Da sprechen Sie jetzt etwas an, über das ich Stunden reden könnte. Die Erfahrungen in Rom haben mich angeekelt, abgestoßen. Ich habe mich gegen eine dortige aussichtsreiche Karriere entschieden, eben aufgrund dieser Verhältnisse.

Therapeut: Eben welcher Verhältnisse?

STEPHAN: Was ich jetzt ausführe, ist nicht neu – es ist eigentlich bekannt. Aber offiziell passiert und existiert es eben nicht. Viele der in Rom studierenden Priester kommen dorthin, weil es ihnen um Einfluss, akademische Titel und Macht geht. Sie loten ihre Karrierechancen aus. Und wo es um Karriere geht, haben sie dann keine Kommilitonen mehr vor sich, sondern Konkurrenten. Verstehen Sie? Es ist eine Sache, den beruflichen Plänen eines Mitbruders in den Weg zu laufen, eine ganz andere Sache ist es aber, seinen sexuellen Vorlieben und Vorhaben zuwider zu laufen.

Ich habe ganz konkret diese Erfahrungen gemacht. Ich habe mich in einem Fall mit einem älteren Priester fachlich ausgetauscht, es bahnte sich eine, wohlgemerkt, fachliche Zusammenarbeit an. Er hat mich dann regelmäßig zu sich eingeladen, hat mich mit Büchern eingedeckt, dann immer eindeutigere Bemerkungen abgegeben. Es entstanden wie zufällige Berührungen an den Extremitäten, dann auch mal am Körper, dann fasste er mir ans Gesäß. Ich habe ihn dann sehr brüsk zurückgewiesen. Ab diesem Zeitpunkt hat er mich nie wieder beachtet oder gewürdigt, er hat mich geschnitten und sich abträglich über mich geäußert. Das kann ich zeugenschaftlich bestätigen.

Therapeut: Verlief es in den anderen Fällen ähnlich?

STEPHAN: Es handelte sich um zwei andere Fälle. In einem Fall war ich auf einem Dreierzimmer in einem Priesterseminar untergebracht. Die zwei anderen Priesterkollegen versuchten, mich sexuell anzugehen. Als ich es meldete, wurde mir nur spöttisch und mit Achselzucken begegnet.

Im dritten Fall handelt es sich um jenen Priester, der mich nun beschuldigt. Er war von den Legionären Christi, sah mich auf verschiedenen Einladungen und Vorträgen und kam mir immer näher. An einem Abend, er war bereits nicht unerheblich alkoholisiert, langte er mich dann an und suchte Körperkontakt. Ich habe ihn weggestoßen. Das war für ihn eine Kränkung, die er nicht so schnell bewältigt hat. Auch er sprach nie wieder mit mir. Wenn wir im gleichen Raum waren, lächelte er mich aus der Ferne spöttisch an.

Für mich war nach all diesen Erfahrungen klar, ich werde nicht in Rom bleiben.

Therapeut: *Ich hoffe, Sie haben in Rom auch für Sie wegweisende Erkenntnisse gewonnen ...*

STEPHAN: Ja, sicherlich auch, aber diese sexuellen Annäherungsversuche waren sehr schlimm für mich. Ich möchte aber noch sagen, dass man in den dortigen Kreisen nahezu sämtliche Erscheinungsformen menschlicher Triebhaftigkeit findet. Männer, die ihre Sexualität krankhaft unterdrücken, und Männer, die ihre Sexualität krankhaft ausgestalten und ausleben.

Therapeut: *Dennoch sind Sie der Kirche weiterhin treu geblieben und haben wohl auch als Seelsorger viel Segensreiches bewirkt, wenn man die Erfahrungsberichte berücksichtigt, die Ihnen freundlich gesinnte Gemeindemitglieder geschrieben haben.*

STEPHAN: Ja, ich möchte aber noch ein Resumée hinzufügen:

Solche Denk- und Vorgehensweisen, wie ich sie kirchlich erlebt habe, sind menschenunwürdig. Eine von Unterdrückung und Tabuisierung geprägte Einstellung gegenüber den sexuellen Trieben hat meiner Meinung nach auch sehr viel zu tun mit dem Problem des Machtmissbrauchs. Ich habe mich mit mehreren sehr gut ausgearbeiteten Arbeiten beschäftigt, die einen Zusammenhang sehen zwischen Machtlüsternheit und Lustfeindlichkeit. Denn ein System, wie wir es derzeit haben, ein System der Angsterzeugung, der Überwachung und des Misstrauens kann ja nur zu Unfreiheit, Heuchelei und Erpressbarkeit führen. Genau das erlebe ich doch gerade. Ich werde erpresst und es wird geheuchelt. Was aber am Ende dabei herauskommt, führt eben nicht zu keuscher Enthaltsamkeit, sondern zu kranker und den Menschen zerstörender Sexualität und deren Auswirkungen.

Therapeut: *Diese Ausführungen muss man tatsächlich erst einmal so stehen lassen …*

STEPHAN: Da bin ich Ihnen dankbar. Aber jetzt geht es noch um einen anderen Aspekt. Es geht um den Umgang mit beschuldigten Priestern. Wenn ich mir vergegenwärtige, wie man in der Bistumsleitung mit mir umging, bin ich entsetzt und wütend.

Dieser Umgangston, die fehlende Bereitschaft zuzuhören, auf den anderen einzugehen, dem anderen ins Wort zu fallen. Was sind das für Umgangsformen!

Ich kann weder an den mit mir geführten Schriftwechseln, noch in den mit mir geführten Gesprächen noch irgendetwas erkennen, was ansatzweise mit Empathie und Barmherzigkeit zu tun hat. Ich kam mir vor wie bei einem militärischen Appell. Man ist nur noch Befehlsempfänger.

Das Schlimmste aber bleibt, dass man mich bereits verurteilt hat, bevor man meinen Fall überhaupt sachgerecht geprüft hat. Ich kann zeugenschaftlich beweisen, dass man sich in meinem Fall zuvor bei der Glaubenskongregation in Rom erkundigt hat, bevor man mich überhaupt anhörte. Immerhin habe ich noch entsprechende Kontakte nach Rom. Also wird mein Fall auch wieder nach Rom gehen, da gehört er hin, aber nicht zum Psychiater.

Der Umgang der Bischöfe mit ihren Priestern, die zu Verdachtsfällen geworden sind, ist himmelschreiend. Sie sollten einmal lesen, was man in meiner Personalakte an die Ränder der Schriftstücke über mich geschrieben hat. Da braucht man schon sehr viele Ressourcen und viel Kraft, um das auszuhalten. Allein die Wortwahl und die entwürdigenden und menschenunwürdigen Kommentare.

Das bin ich nun, ein Verdachtsfall. Aber ist der Ruf erst ruiniert …

Sie wissen schon …!

Fluchträume V –
„ist der Ruf erst ruiniert... ."

STEPHANS Geschichte stellt leider keinen Einzelfall in der gutachterlichen Landschaft dar. Wiederholt kommen Priester mit ähnlichen Dekreten in meine Praxis, die weder an einer Störung der Sexualpräferenz, noch an sexuell getönten Verhaltensauffälligkeiten leiden, geschweige denn an einer Persönlichkeitsstörung oder aber einer anderen überdauernden psychischen Störung.

So auch STEPHAN, welchen ich später, auf seine persönliche Bitte hin und in Rücksprache mit dem Generalvikariat, psychiatrisch begutachtete. Das Gutachtenergebnis fiel völlig unauffällig aus.

Der Bericht von STEPHAN wirft dabei insbesondere ein Licht auf zwei Aspekte. Einerseits berühren seine Ausführungen die Auswüchse und normalpsychologisch verstehbaren Folgen einer tabuisierten Sexualität bei gleichzeitig abgegebenem Versprechen von Priestern, der Zölibatsverpflichtung nachkommen zu wollen. Wobei hier eben die Betonung auf „wollen" liegen muss.

Andererseits ist das Phänomen der Beschuldigungen von Priestern im Gemeindedienst ganz offensichtlich ein nicht so unübliches Vorgehen, wenn ich auf die – meiner Praxis zur Begutachtung in den letzten 20 Jahren zugewiesenen – Priesterpersönlichkeiten bei ähnlichen Fragestellungen zurückblicke.

Häufig handelt es sich dabei um vergleichbare Prozesse. Anschuldigungen und Behauptungen werden zunächst nur verbal gestreut, dann öffentlich wiederholt, dann schriftlich formuliert. In nicht wenigen Fällen weichen die Unterstellungen dann aber inhaltlich erheblich voneinander ab, so dass sich die ersten Anschuldigungen plötzlich phänomenologisch verwandeln.

Ganz wie bei STEPHAN werden aus organisatorischen Schwächen dann eben Nähe- und Distanzverletzungen und im Extremfall auch Taten gegen die sexuelle Selbstbestimmung.

Auch dieses Vorgehen wird missbräuchlich gehandhabt und entspricht häufig der Verleumdungstat.

Was Gemeindemitglieder in solchen Fällen zu diesem Vorgehen veranlasst, bleibt natürlich spekulativ. Es mehren sich jedoch die Hinweise, dass auch hier wiederum Machtspiele ihren Raum bekommen, mehr oder weniger angereichert von Neid, Hass und narzisstisch gespeisten Gefühlen.

Der von nicht wenigen Priestern infrage gestellte Umgang der Bistumsleitung mit ihren eigenen Priestern ist ein Faktotum, welches mir bedauerlicherweise in konstanter Regelhaftigkeit im Rahmen von gutachterlichen Prozessen begegnet. Immer öfter wird beklagt, dass die von der Kirche so gepriesenen jesuanischen Fähigkeiten, wie beispielsweise emotionale Zuwendung, Empathie oder eine barmherzige Grundhaltung, auch die Bereitschaft zu verzeihen, von den eigenen Vorgesetzten nicht mehr gekannt werden.

Nicht wenige Priester berichten von der Wahrnehmung, nicht als Mensch, als Priester, sondern eher als „Sache" wahrgenommen zu werden, als Kasus, als Sachverhalt.

Die Gefahr einer solchen Entwicklung birgt die Grundlagen für eine mit der Zeit immer weiter fortschreitende Entpersönlichung innerkirchlicher Kommunikation. Emotionslose Kommunikation, die sich selbst verzweckt, aber keine Güte und Empathie zu spenden vermag, trocknet Seelen aus und, leider muss das auch aus gutachterlicher Sicht hier angeführt werden, zementiert narzisstisch gesteuerte Machtgefälle.

DIE ELENDEN –

eine Chronik des Leidens

KASUISTIK 6:

KERSTIN (38 Jahre)

Anamnese:

Zum Zeitpunkt der Vorstellung in unserer Praxis war KERSTIN 38 Jahre alt, tief gezeichnet und seelisch geprägt von einer hinter ihr liegenden Odyssee der Bedrängnis, der zahlreichen Aufenthalte in psychiatrischen Kliniken und der Versuche, ihrem Leben ein Ende zu setzen. Dabei begann ihre Lebens- und Glaubensgeschichte doch sehr verheißungsvoll…

KERSTIN wurde im Jahr 1984 als Tochter eines Architekten und einer Anästhesistin als älteste von drei Schwestern in einem wohlbehüteten und von einem tiefen Glaubensfundament getragenen Elternhaus geboren. Die Kindheit verlief unbeschwert. Die Kinder dieser Familie wurden bereits ab dem Kleinkindalter in die Strukturen und Rituale einer katholischen Familie eingeführt. Beide Eltern waren in die Gemeinde fest integriert, der Vater als Gemeinderatsvorsitzender, die Mutter als Aushilfsorganistin.

KERSTIN besuchte den kirchlich geführten Kindergarten und erhielt nachfolgend in der Grundschule durch den Pfarrer der Gemeinde ihren Religionsunterricht. Das Fest ihrer Heiligen Kommunion vollzog sie sehr wach und aufmerksam mit. Sehr früh schon erkannte sie Jesus für sich als wegweisenden spirituellen Impulsgeber. Es verstand sich von selbst, dass sie auch weiterhin, sowohl durch den Ministranten –, dann durch den Lektorendienst und schließlich durch ihr Engagement in der Mädchenjugend – die Pfarrgemeinde intensiv unterstützen würde.

Der Pfarrer der Gemeinde, damals 52 Jahre alt, verkehrte regelmäßig in der Familie, besuchte KERSTINS Eltern immer wieder an Wochenenden, zu Gesprächen, zu Andachten, aber auch zu einem gemeinsam mit der Familie eingenommenen festlichen Abendessen. Während dieser Zusammenkünfte hatte der Gemeindepfarrer einen Blick auf KERSTIN geworfen. Wiederholt lobte er in ihrem Beisein vor den Eltern ihre Glaubenshaltung, ihre Kreativität, ihre Spontanität und ließ, anfangs beiläufig, dann intensiver, Bemerkungen einfließen, aus denen hervorging, dass er KERSTIN für organisatorische und führende Aufgaben in der Gemeinde für mehr als befähigt halte. KERSTIN vernahm dies alles mit stiller innerer Begeisterung und Dankbarkeit. Der Pfarrer meinte noch, es sei ja selbstverständlich, dass „solch eine erwählte Tochter aus gutem Hause" in die von ihm geleitete Firmvorbereitungsgruppe aufgenommen werde. Zudem schlug er vor, nach dem Empfang der Firmung KERSTIN für einen Ausbildungslehrgang für Gruppenleiterinnen der Mädchenjugend unter seine Aufsicht nehmen zu wollen. Bei diesem Ausbildungslehrgang handele es sich um ein Pilotprojekt, bei welchem KERSTIN eine Vorreiterrolle spielen solle. Die Eltern zeigten sich einverstanden und stimmten zu.

Als KERSTIN unter der Aufsicht des Pfarrers – sie war 14 Jahre alt – mit dem Gruppenlehrgang begann, schien sie innerhalb ihrer Pubertätsphase schon weit fortgeschritten und besaß eine für ihr Alter überdurchschnittliche frauliche Ausstrahlung. Der Pfarrer lobte das Mädchen, wo es nur ging und behielt sie am Ende der Lehrstunden noch für einige Minuten im Pfarrsaal zurück, besprach diese und jene Fragestellung und bot ihr an, jederzeit auf ihn persönlich zukommen zu können, wenn sie über das Ausbildungsprogramm hinaus noch weitere kreative Anregungen habe.

Diese Prozedur verlor bald ihren Ausnahmecharakter, sie wurde geradezu zur Gewohnheit, sodass die Nachbesprechung der Gruppenstunde sich sehr rasch zu einem etwa 30-minütigen Zusammensein des Pfarrers mit dem Mädchen ausweitete.

Schließlich kam der Abend, an dem der Gemeindepfarrer KERSTIN traurig erlebte, sie nach ihrem Befinden fragte und von ihr erfuhr, dass sich die Eltern häufig stritten und dass sie Angst vor einer Trennung habe, dann brach sie in Tränen aus. Der Pfarrer reichte ihr ein Taschentuch, strich ihr dabei über den Kopf und führte zum Abschied auch noch eine Umarmung der jetzt 15-Jährigen herbei. Er versprach, mit den Eltern zu reden. KERSTIN schien getröstet.

Da sich die elterliche Konfliktsituation nicht besserte, entwickelten sich die wöchentlichen Gespräche des Pfarrers mit KERSTIN sodann eher zu Krisensitzungen, das Mädchen berichtete, war verängstigt und betroffen, der Pfarrer hörte zu und näherte sich KERSTIN stets ein weiteres Mal.

Bei einem der weiteren Treffen nimmt er ihre Hand, küsst sie, legt sie auf sein Herz, küsst die Hand wieder ab, jeden einzelnen Finger. Diese Prozedur begleitet er dabei mit Aussagen über die Liebe Jesu. Beim nächsten Mal sitzt KERSTIN bereits auf seinem Schoß. Er beginnt sie zu streicheln, erst am Oberkörper, dann auch an und zwischen den Beinen. KERSTIN reagiert anfangs verwundert, wehrt sich dann aber nicht mehr. Für sie besitzt ihr Pfarrer die rettenden und vermittelnden Kräfte, die ihre Eltern wieder zusammenschweißen könnten. Das ist der einzige Ausweg, dafür geht sie dieses Verhältnis ein. Dafür sichert sie ihm immer wieder zu, niemandem etwas von dieser Art der Zusammenkünfte zu erzählen. Unangenehm bleibt es dennoch. Ratlosigkeit, Verzweiflung über die Familiensituation, über schlechte Schulleistungen, Vertrauen zu ihrem Pfarrer und Verdrängung des an ihr begangenen Missbrauchs – dessen sie sich zu diesem Zeitpunkt noch nicht bewusst ist – ergeben eine gefährliche Mischung aus diffusen Gefühlen, die dann eines Abends vollkommen „explodiert". Bis dahin haben sich über 25 solcher Treffen abgespielt, bei welchen der Pfarrer immer zudringlicher in die körperliche Sphäre des Mädchens eindrang.

An diesem Abend geht der Pfarrer sehr weit. KERSTIN ist trotz aller Verzweiflung und Hoffnung doch entsetzt, dass er da entkleidet steht, dann auf sie zukommt und versucht, den Geschlechtsverkehr mit ihr zu vollziehen. Da befinden sie sich bereits in seiner über dem Gemeindesaal liegenden Pfarrerwohnung. Geistesgegenwärtig erkennt KERSTIN die auf sie zukommende Situation, holt aus und schlägt dem Pfarrer mehrmals so kräftig ins Gesicht, dass dessen Brille zu Bruch geht und er zurücktaumelt. Schreiend, weinend und am Ende ihrer Kräfte verlässt KERSTIN das Pfarrhaus.

„Niemandem erzählen, niemandem berichten, keiner Person, nicht den Eltern, nicht den Schwestern, nicht den Freundinnen, niemandem … niemandem!"

Es ist die immer gleiche Litanei, die sich in den folgenden Wochen in ihrem Kopf abspielt. Sie darf nicht, sie kann nicht, sie soll nicht, es ist ihr nicht möglich. Etwa 25 Mal hat der Pfarrer sie angefasst, das Erlebte ist präsent, sie kann es sich aber nicht mehr vor Augen rufen, es ist schrecklich, nicht aushaltbar.

Dann, unvermittelt, kommt es in KERSTIN hoch: Sie ist schuld! Natürlich, hätte sie sich dem Pfarrer nicht verweigert, hätte er vielleicht mehr für die Eltern tun können. Wie kann man sich nur so verweigern? KERSTIN empfindet Abscheu, Ekel – aber jetzt vor sich selbst. Sie beginnt, weniger zu essen, dann viel weniger zu essen, sie verliert an Körpergewicht, der Vater ist von zu Hause ausgezogen, die Mutter will die entscheidenden Veränderungen nicht sehen, sie ist zu viel mit sich selbst beschäftigt. KERSTIN kümmert sich aufopferungsvoll um ihre jüngeren Schwestern. Das ist aber nur Vorwand, von innen her zerfrisst sie der Ekel. Noch immer glaubt sie, sie habe es gar nicht verdient, sich jemandem anzuvertrauen.

Die Lehrerin ihres Gymnasiums teilt ihr mit, das Ziel der Versetzung sei gefährdet, wenn die Leistungen nicht besser würden und die Fehltage in der Schule nicht weniger.

Jetzt zieht sich die Leidensspirale um KERSTIN immer enger zusammen. Sie fühlt sich bewegungsunfähig. Weder kann sie mit jemandem sprechen, noch kann sie sich selbst eingestehen, dass sie an dem Erlebten keine Schuld hat. Sie leidet an dem erfahrenen Missbrauch, empfindet sich als schmutzig, dreckig, wie Aussatz. Sie fühlt sich auch, rationalen Argumenten nicht zugänglich, schuldig an der Trennung der Eltern. Sie hasst sich, findet sich im Spiegel unattraktiv, erkennt nichts mehr Frauliches an ihrem Körper. Sie verliert weiter an Gewicht. Mittlerweile ist eine Essstörung eingetreten.

Dann kommt der Nachmittag, an dem KERSTIN allein im Haus ist, sie sitzt auf ihrem Bett, die Welt ist trostlos, sie spürt erstmals das Verlangen nach Schmerz.

Sie nimmt den Brieföffner vom Schreibtisch und beginnt sich am linken Unterarm zu ritzen. Es gelingt nicht. Sie geht in die Küche, nimmt ein Brotmesser und versucht es damit. Irgendwann an diesem Nachmittag hat sie sich blutig geschnitten, vier quer verlaufende kleine Schnitte am Unterarm. Es fühlt sich zunächst nicht gut an, aber immerhin konnte sie etwas fühlen. Der seelische Schmerz lässt für Minuten nach.

Nachdem die nächstjüngere Schwester sie am Spätnachmittag auf dem Bett sitzend und weinend, dabei am Unterarm leicht blutend vorfindet, versteht nun endlich jeder in der Familie, dass dringend Unterstützung und Hilfe geboten sind. Jetzt erst wird offensichtlich, in welcher seelischen Bedrängnis sich die junge Frau befinden muss. Die Mutter überlegt nicht lange und fährt mit ihr in die Universitätsklinik für Kinder- und Jugendpsychiatrie der Stadt.

Dort empfiehlt man eine stationäre Beobachtung, welcher KERSTIN zunächst zustimmt.

Nach vier Tagen der Beobachtung, in denen KERSTIN den Ärzten zugesichert hatte, sicher nicht suizidal zu sein, verlegt man sie auf eine offen geführte Station. KERSTIN entweicht von dieser Station unmittelbar – und kehrt nicht mehr zurück. Aufgrund der nicht auszuschließenden Suizidalität lässt man sie polizeilich suchen, sie wird im Stadtpark durchnässt und zitternd aufgefunden. Freiwillig kehrt sie in die Klinik zurück.

Die Kinder- und Jugendpsychiater stellen bei KERSTIN nachfolgend eine Essstörung, eine depressive Entwicklung, eine Anpassungsstörung und Hinweise auf eine emotional instabile Persönlichkeitsentwicklung fest, mit der Neigung, abhängige Beziehungsverhältnisse anzustreben.

Der klinische Aufenthalt in der Kinder- und Jugendpsychiatrie markiert den Beginn einer Odyssee stationärer Behandlungen, KERSTIN versank in den Tiefen der Hospitalisation.

Zwischen dem 16.–20. Lebensjahr befand sie sich acht Mal stationär und weitere Monate in ambulanter Begleitung. Mit 18 Jahren verübte sie den ersten Suizidversuch durch Strangulationsversuche mit einem Bettlaken.

Zwischen dem 21. und dem 28. Lebensjahr reihten sich insgesamt 14 stationäre Aufenthalte aneinander, mit 22, 23 und 26 Jahren verübte KERSTIN weitere Suizidversuche durch selbst herbeigeführte Intoxikationen von Tablettenüberdosierungen.

Die behandelnden Psychiater diagnostizierten übereinstimmend bei KERSTIN eine emotional-instabile Persönlichkeitsstörung vom Borderline-Typ.

In ihrem 18. Lebensjahr wurde die Ehe der Eltern geschieden. Die Beziehung zur Mutter entwickelte sich desaströs. Die Mutter schien nicht bereit, die Krankheitsgeschichte ihrer Tochter zu akzeptieren.

Ab dem Alter von 17 Jahren stieg KERSTIN in den Drogenkonsum ein, nahm Cannabis, Stimulantien (Speed, Amphetamin), Kokain und probierte auch Heroin. Mehrere Entgiftungsbehandlungen wurden hier erforderlich.

Nach ihrem letzten Suizidversuch mit 28 Jahren nahm sie eine länger anhaltende ambulante therapeutische Begleitung auf, es kam zu einer erstmaligen längerfristigen Stabilisierung im Leben dieser Frau, der es bis dato nicht gelungen war, einen Schulabschluss zu erlangen bzw. eine Ausbildung abzuschließen. Zwischen den einzelnen Krankenhausaufenthalten nahm sie Aushilfstätigkeiten oder Gelegenheitsarbeiten wahr.

Im Alter von 31 Jahren ging sie eine Beziehung zu einem zwei Jahre jüngeren Mann ein und wurde schwanger. Zuvor konnte sie störungsbedingt immer nur kurze, sogenannte „On-off-Beziehungen" leben, in denen sie sich ausnutzen ließ und zahlreichen heftigen Gefühlsschwankungen unterworfen blieb, die eine Beziehungsfähigkeit verunmöglichten. Nach der Geburt ihres Sohnes suchte sie unsere Praxis auf, um – wie sie berichtete – den Anforderungen einer Mutter gewachsen zu bleiben und sich daher psychotherapeutisch erneut stabilisierend begleiten lassen zu wollen.

In diesem Zusammenhang war KERSTIN auch bereit, über ihre leidvolle Vergangenheit zu sprechen und diese zu reflektieren.

Erfahrungsbericht:

Therapeut: Sie haben einen langen Leidensweg durchlebt, waren lange Zeit in Kliniken zur Behandlung, Sie haben viele Krisen durchgestanden, in denen Sie sich umbringen wollten. Wenn Sie zurückblicken, können Sie da entscheidende Veränderungen oder Konstellationen benennen, durch die sich für Sie entscheidende Wendungen in ihrem Schicksal ergaben?

KERSTIN: Überlegt länger.

Die erste entscheidende Wendung in der ganzen Lebenskatastrophe begann damals zu Hause, auf meinem Bett – als ich erstmals begann, mich zu schneiden. Dadurch kam alles ins Rollen, ich wurde stationär behandelt, ich konnte mich – wenn auch nur sehr langsam – schrittweise mitteilen und öffnen. Man muss sich das aber so vorstellen, dass das nur sehr langsam vonstattenging. Vor meinem ersten Klinikaufenthalt in der Kinder- und Jugendpsychiatrie habe ich nur noch mit mir selbst kommuniziert, obwohl ich mich ja damals komplett abgelehnt habe.

Therapeut: *Sie fühlten sich auch schuldig…*

KERSTIN: Ich fühlte mich schuldig auf mehreren Ebenen. Einerseits gab ich mir die Schuld an dem Auseinanderbrechen unserer Familie, weil ich damals irrigerweise davon ausging, dass ein fortdauernder Kontakt zu unserem Pfarrer, dessen Namen ich nicht mehr aussprechen kann, dazu geführt hätte, dass er sich noch mehr für den Zusammenhalt unserer Eltern eingesetzt hätte. Daher hatte ich das damals so gesehen, dass ich durch mein abruptes Unterbrechen des Kontakts zu ihm auch seine Einflussmöglichkeiten begrenzt hätte. Das ist natürlich alles Unsinn. Aber damals war ich durch den sexuellen Missbrauch derart gelähmt, war erpressbar, dass ich das nicht anders sehen konnte.

Schuldig fühlte ich mich auch mir gegenüber. Ich verurteilte mich dafür, dass ich nicht in der Lage gewesen war, den Missbrauch früher zu unterbinden. Bei den ersten Besuchen bei dem Pfarrer habe ich mir noch nichts dabei gedacht. Ich war derart auf die Situation in meiner Familie fixiert, dass ich alles mit mir geschehen ließ. Ich habe gedacht, das muss so sein, damit alles wieder gut wird.

Therapeut: *Dann ist aber nichts gut geworden…*

KERSTIN: Sicherlich, erst einmal ging es immer weiter bergab. Zunächst begannen die Zudringlichkeiten des Pfarrers. An einem Tag nahm er meine Hände und fragte dann erst: „Darf ich deine Hand nehmen?" Er umfasste eine Hand und begann, jeden meiner Finger, einen nach dem anderen zu küssen, um mich, wie er meinte, „die Liebe Jesu zu mir spüren zu lassen". Ich stellte mir damals leider keine Fragen. Er hatte mich auch angewiesen, nicht nachzudenken, nicht zu fragen. Ich war zu diesem Zeitpunkt zu abhängig und in viele Ängste verstrickt.

Das war der Beginn der körperlichen Übergriffe. Von da an nahmen diese wöchentlich zu. Ich kann heute nicht mehr genau erklären, warum ich es zuließ. Am Ende sämtlicher Übergriffe und Handlungen – wobei ich den direkten Geschlechtsverkehr gerade noch verhindern konnte – kann ich aber eindeutig sagen: Der Pfarrer meiner Heimatgemeinde zerstörte meine Seele, es war Seelenmord, eindeutig Mord. Er wusste genau, was er mir antat.

Längeres Schweigen.

Was dann danach kam, bedeutete, dass ich meine sowieso schon zerstörte Seele nochmals malträtiert habe. Ich habe mich anhaltend selbst geschädigt. Ich konnte später in den Kliniken auch klären, dass das wohl Selbstbestrafungstendenzen gewesen waren. Ich habe versucht, die ich mich ohnehin als gescheitert und nicht lebenswürdig betrachtet habe, mich derart zu schädigen, dass ich aus dem Strudel alleine nicht mehr herausgekommen wäre.

Therapeut: *Die späteren Gedanken an den Tod, Ihr Todeswunsch und Ihre wiederholten Versuche zu sterben – wie können Sie diese heute betrachten?*

KERSTIN: Ich konnte mir die Therapieerfolge nicht gönnen. Gefühlsmäßig fuhr ich sowieso über Jahre nur Achterbahn. Ich wechselte die Gefühle wie die Tageszeiten. Ich wollte mich weiterhin über lange Zeit selbst zerstören, konnte nicht ertragen, dass es besser wurde. Das habe ich nicht ausgehalten. Ich war auch zeitweise impulsiv, verließ die Klinik, nahm Drogen, warf mich allen möglichen Partnern an den Hals, die mich dann wiederum sexuell ausbeuteten. Ich suchte irgendwie fast die Missbrauchssituation wieder auf. So hat man mir das von therapeutischer Seite damals erklärt. Ich habe zehn Jahre gebraucht, um zuzulassen, dass es wieder gut werden darf. Daher war ich hinsichtlich meiner Selbstmordversuche doch sehr hartnäckig.

Therapeut: *Können Sie heute erkennen, was letztlich die Wende ermöglichte?*

KERSTIN: Ich glaube, die Zeit – die Zeit und mein Glaube, den ich nie ganz verlor. Mit der Zeit hat sich alles ausgelaufen, ausgetrocknet, eingeebnet. Ich hatte dann irgendwann keinen Drive mehr, so dramatisch und selbstablehnend weiterzumachen. Mein Glaube hat mich auch immer wieder überleben lassen, wenn auch manchmal kaum spürbar.

Aber, ich habe mich dann auch richtig verliebt. Ich erkannte auf einmal einen Menschen, der es ernst mit mir meinte, der mich nicht ausnutzte. Ich bin bei ihm geblieben und habe gemerkt, man kann das Leben auch anders führen. Ich wurde angenommen, vollkommen, und wertgeschätzt. Der Partner nahm meine selbstschädigenden Impulse einfach weniger ernst, ging darüber hinweg, konzentrierte sich auf das Notwendige und zeigte mir die nächsten Schritte. Wahrscheinlich war es das.

Therapeut: *Zwischenzeitlich konsumierten Sie, wie Sie darlegten, auch Drogen und Medikamente missbräuchlich – wie konnten Sie sich von ihnen lösen?*

KERSTIN: Das waren immer nur kurze heftige Phasen. Ich warf alles über Bord, wollte den Rausch, alles vergessen, oder im Tablettenrausch sterben. Ich kam in ungute Kreise, konsumierte einfach mit. Aber die eigentlichen positiven Signale stellten sich nicht ein. Ich war nicht abhängig, hatte keine Entzugssymptome. Ich hatte Glück. Das Kapitel ist abgeschlossen. Es waren destruktive Episoden in einem destruktiven Leben. Es gehörte mit dazu, aber ich würde es niemals wiederholen.

Therapeut: *Wie schützen Sie sich heute vor missbräuchlichen Situationen?*

KERSTIN: Bevor man sich selbst schützen kann, muss man erst einmal beschützt werden. Ich hatte jahrelang gute Therapeuten und

Ärzte, die Geduld mit mir hatten. Als ich zum ersten Mal in die Klinik kam, verdichtete sich alles in mir, was vorher mit mir geschah. Es gelang mir dort, den ersten großen Schrei auszustoßen. Ich habe jahrelang daran gearbeitet, meinen inneren Schmutz, meinen Ekel und meinen Aussatz, den ich ja real von mir habe ausgehen sehen, weit von mir zu stoßen. Das war der erste Schutz, um weiterleben zu können. Der zweite Schutz bestand darin, dass ich gemerkt habe: Es gelingt dir nicht, dich zu zerstören, wenn dein Gott es nicht will! Ich habe ja alles versucht, mich auszulöschen.

Es hat nicht funktioniert. Nachdem ich sozusagen „alles durch habe", quasi nichts ausgelassen habe, kann ich heute mit Abstand etwas darüberstehen.

Der dritte Schutzmechanismus ist die Prophylaxe. Ich lasse mich therapeutisch weiter begleiten. Ich sorge vor. Und, ich will meinem Kind eine gute Mutter sein. Das ist der vierte und derzeit wirksamste Schutz. Ich werde im Leben wieder gebraucht.

Therapeut: Wie würden Sie heute ein Fazit wagen …?

KERSTIN: Was ich als Seelenmord bezeichnet habe, trifft sicherlich zu. Diese Zustände sind so grauenhaft, dass sie sich vorher kein Täter ausmalen kann. Der Täter wusste nicht, was er mir zufügte. Er setzte sich aus eigenen Beweggründen – darüber hinweg. Aber meine Seele bekam eine zweite, gnadenbehaftete Chance zum Weiterleben. Ich hoffe, ich kann sie gut und stabil nutzen …

Ich wünsche allen an diesem katastrophalen Szenario beteiligten Personen den inneren Frieden …

Fluchträume VI – bis hin zum Seelenmord

Bei KERSTIN wurde bereits Ende der zweiten Lebensdekade eine Persönlichkeitsstörung diagnostiziert, in ihrem Falle eine emotional-instabile Persönlichkeitsstörung vom Borderline-Typ.

Störungen der Persönlichkeit können sehr vielgestaltig und heterogen sein. Dies basiert im Wesentlichen darauf, dass bereits mit dem Begriff der Persönlichkeit die gesamte Bandbreite menschlichen Verhaltens umfasst werden kann. Persönlichkeit kann ganz allgemein als die Summe der Eigenschaften beschrieben werden, die dem einzelnen Menschen seine charakteristische, unverwechselbare Individualität verleihen.

Unter Persönlichkeitsstörungen werden tief verwurzelte, anhaltende und weitgehend stabile Verhaltensmuster verstanden, die sich in starren Reaktionen auf unterschiedliche persönliche und soziale Lebenslagen zeigen. Gegenüber der Mehrheit der jeweiligen Bevölkerungsgruppe zeigen sich deutliche Abweichungen im Wahrnehmen, Denken, Fühlen und in Beziehungen zu anderen. In vielen Fällen gehen diese Störungen mit persönlichem Leiden und gestörter sozialer Funktionsfähigkeit einher. Die einzelnen Formen der Persönlichkeitsstörungen werden nach den vorherrschenden Verhaltensmustern klassifiziert.

Die emotional-instabile Persönlichkeitsstörung beschreibt zwei Formen von Persönlichkeitsstörungen mit deutlicher Tendenz, Impulse auszuagieren ohne Berücksichtigung von Konsequenzen sowie mit wechselnder und launenhafter Stimmung. Somit werden diagnostisch ein impulsiver Typ sowie ein Borderline-Typ unterschieden.

Gemeinsam ist diesen Störungen jedoch eine Instabilität im impulsiven, affektiven und zwischenmenschlichen Bereich. Für den impulsiven Typ ist die mangelnde Impulskontrolle kennzeichnend, die sich in Ausbrüchen von gewalttätigem und sonstigem aggressivem Verhalten äußert. Ein solches Verhalten tritt vor allem bei Kritik durch andere auf.

Wie im vorliegenden Fall bei KERSTIN ist die Borderlinestörung vorwiegend durch eine Instabilität des eigenen Selbstbildes, der inneren Ziele und der subjektiven Präferenzen gekennzeichnet. Hierbei zeigt sich die Instabilität symptomatologisch hauptsächlich im emotionalen und zwischenmenschlichen Bereich. Es finden sich häufig potenziell selbstschädigendes Verhalten, Missbrauch von psychotropen Substanzen, wahlloser Geschlechtsverkehr und anfallsweise auch Essstörungen. Die zwischenmenschlichen Beziehungen zeichnen sich meistens durch einen raschen Wechsel zwischen den beiden Extremen einer Überidealisierung und der Abwertung anderer Personen aus. Bei ausgeprägten Störungen kommt es – wie auch bei KERSTIN – wiederholt zu Suiziddrohungen und Suizidversuchen. Diesen extremen Verhaltensweisen steht inner-seelisch oft ein chronisches Gefühl der Leere oder Langeweile gegenüber.

Borderline-Störungen werden sehr viel häufiger bei Frauen diagnostiziert. Etwa drei Viertel der Borderline-Patienten sind weiblich. Eine mögliche Erklärung dafür ist der mittlerweile vielfach nachgewiesene Zusammenhang zwischen der Entwicklung einer Borderline-Persönlichkeit im Erwachsenenalter und schweren traumatischen Kindheitserfahrungen, die mit Gewalt und sexuellem Missbrauch verbunden sind. Der sexuelle Missbrauch trifft Mädchen aber allgemein zwei- bis dreimal häufiger als Jungen. Dies könnte die Häufigkeit der Borderline-Störung bei Frauen gut erklären.

Zahlreiche Autoren wissenschaftlich anerkannter Studien schließen aus den Ergebnissen ihrer wissenschaftlichen Analysen eine enge Verbindung zwischen der Diagnose einer Borderline-Persönlichkeitsstörung und einer Anamnese von Missbrauch in der Kindheit. In vielen Studien erreichten Frauen einen mehr als doppelt so hohen Trauma-Score (Anteil) als männliche Patienten. Sie berichteten über mehr physischen und mehr sexuellen Missbrauch in der Kindheit.

Andere Autoren konnten überdies nachweisen, dass die Erinnerung an den Missbrauch bei Borderline-Patientinnen in die Persönlichkeitsorganisation integriert und weitgehend als zugehörig zu ihrer eigenen Person geworden war. Diese Patientinnen stellten deshalb in der Regel auch keinen Zusammenhang zwischen ihren psychischen Symptomen und ihren kindlichen Missbrauchserfahrungen her. Diese Ergebnisse sind auch mit anderen Verlaufsbeobachtungen von Trauma-Opfern vergleichbar, die darauf verweisen, dass Anteile des Traumas im Laufe der Zeit transformiert (umgewandelt) und in vielfältig verkleideten Formen wieder belebt werden, zum Beispiel als körperliche Symptome, als Gefühlszustände, in visuellen Bildern, im handelnden Agieren oder aber auch in Form abgespaltener Persönlichkeitsanteile.

Frauen, die in der Kindheit sexuell missbraucht wurden, reagieren später mit Schwierigkeiten in zwischenmenschlichen Beziehungen, sexuellen Funktionsstörungen, Promiskuität, Delinquenz, Depression, Suizidversuchen, unangemessenen Wutreaktionen und einer selbstzerstörerischen Impulsivität.

Einen Zusammenhang zwischen Selbstverletzungen und sexuellem Missbrauch findet man auch in praktisch allen Untersuchungen über Patienten mit körperlicher Selbstbeschädigung. So berichtet beispielsweise SACHSSE (1989)[28] über 25 Patienten (davon 21 Frauen), die sich regelmäßig selbst schnitten oder verbrannten. Alle hatten in der Kindheit schwere Traumata erlebt. Zwei Drittel der Patientinnen waren in der Latenz und in der Pubertät sexuellem Missbrauch ausgesetzt, mehrere waren vergewaltigt worden.

ENSINK (1992)[29] untersuchte 100 Frauen mit sexuellem Missbrauch in der Kindheit und Jugend. Die Hälfte dieser Frauen hatte sich in ihrem Leben irgendwann einmal selbst verletzt, ein Viertel regelmäßig. Diese Selbstverletzungen waren mit intensiven Gefühlen gekoppelt: neben intensiver Wut und der Genugtuung, sich selbst etwas antun zu können vor allem auch mit Schuldgefühlen. Ähnlich wurden diese Szenarien auch von KERSTIN in ihrer Anamnese berichtet.

Die Untersuchungsergebnisse letztgenannter Studie weisen darauf hin, dass solche Schuldgefühle nicht nur dazu dienen, die eigene Hilflosigkeit zu verleugnen und stattdessen an der Vorstellung festzuhalten, man hätte an der Situation etwas verändern können, wenn man nur gewollt hätte. Eher scheint es sich dabei um die in unserer Kultur vorherrschende, von den Patientinnen internalisierte Vorstellung zu handeln, dass man einem sexuellen Angriff in jedem Falle Widerstand entgegensetzen müsse. Die Selbstverletzungen zeigen dann, dass man es versäumt hat, Widerstand zu leisten.

Auch der Autor SACHSSE der hier erstgenannten Studie aus dem Jahr 1989 beschreibt bei seinen Patientinnen massive Schuldgefühle und gleichzeitig eine panische Angst vor dem Alleinsein. Die Patientinnen konnten vor allem das Alleinsein nicht ertragen, weil dies eine Situation war, in der frühere traumatische Erfahrungen wieder wach zu werden drohten.

Eine seiner Patientinnen bezeichnete dieses Gefühl in der Therapie einmal als „Grauen". Es ist ein Gefühl der Selbstauflösung, das Panik auslöst. In diesem Zusammenhang bekommt die Selbstbeschädigung dann eine rettende Funktion, so wie ein Antidepressivum, das die Erinnerung und das damit verbundene Gefühl des Vernichtetwerdens aufhebt.

Zahlreiche Beispiele der aus den vorbenannten Studien hervorgehenden Berichte und Symptomschilderungen lassen leicht nachvollziehen, dass die so Betroffenen – die eine Leidensspirale durchlebt haben, wie KERSTIN sie zur Darstellung brachte – in die Nähe eines Seelenmordes gerückt werden.

DIE „ANDERS“-ORIENTIERTEN – Dämonisierung sexueller Präferenz?

KASUISTIK 7:

FRANZ-LUDWIG (29 Jahre)

Anamnese:

FRANZ-LUDWIG betrat erstmals im Jahr 2019 im Alter von 29 Jahren meine Praxis und befand sich zu diesem Zeitpunkt eigentlich kurz vor der Priesterweihe nach Abschluss seines Theologiestudiums und wohnte noch in einem Priesterseminar einer deutschsprachigen Diözese.

Den Gesprächstermin mit mir hatte er bereits drei Monate zuvor recht drängend vereinbart. Nach dem Grund seines Vorsprechens in einer psychiatrischen Gutachtenpraxis befragt, gab FRANZ-LUDWIG an, meine Adresse sei ihm von einem Subregens eines anderen Priesterseminars empfohlen worden, er komme mit dem

Anliegen, mit dem Gutachter zu besprechen, wie er einer weiteren psychiatrischen Begutachtung entgehen könne.

Diesem Gespräch im Jahr 2019 ging folgende Sachverhaltsentwicklung voraus:

FRANZ-LUDWIG wurde im Jahr 1990 als Einzelkind eines selbstständig tätigen Unternehmers und einer Chemielaborantin geboren.

Seine Mutter genoss in seiner Heimatgemeinde hohes Ansehen und übte dort vielfältige Funktionen und Aushilfstätigkeiten aus. FRANZ-LUDWIG erklärte, seine Mutter sei die rechte Hand des Pfarrers gewesen, sie habe sich mehr in der Gemeinde als in der Familie aufgehalten. Aus seinen Angaben war herauszulesen, dass FRANZ-LUDWIG schon im Kindesalter eine sehr anhängliche und nahezu abhängige Beziehung zu seiner Mutter entwickelt hatte. Er selbst blieb eher Einzelgänger, hatte kaum Freunde, sah sich im Klassenverband gemobbt und hatte bis zu seinem Eintritt ins Priesterseminar noch keine Kontaktaufnahme zu Mädchen, geschweige denn eine freundschaftliche Beziehung zum anderen Geschlecht aufgenommen. Nach Besonderheiten in seiner Kindheit und Jugend befragt, benannte er unmittelbar und sehr spontan den Sachverhalt, dass sich die Mutter immer gewünscht habe, dass er Priester werde. Das habe sie in bestimmten katholischen Kreisen und in der Verwandtschaft wiederholt für alle hörbar geäußert. Sein Problem sei gewesen, dass er die Mutter in keiner Situation seines Lebens habe enttäuschen wollen. Es habe sich von selbst verstanden, dass er in ein Priesterseminar eintreten werde. Er habe das nicht hinterfragt.

Nach dem Erwerb des Abiturs, welches er mit Bestnoten bestand, nahm FRANZ-LUDWIG das Studium der katholische Theologie auf und trat – plangemäß – in das Priesterseminar ein.

Zu diesem Zeitpunkt, so FRANZ-LUDWIG, sei er sich über seine sexuelle Orientierung nicht bewusst gewesen. Er habe sich nie vorstellen können, mit einer Frau eine Beziehung einzugehen oder aber mit einer Frau eine Familie zu gründen. Nach den Gründen für diese Grundhaltung befragt, äußerte FRANZ-LUDWIG, er habe sich einfach nicht vorstellen können, dass sich überhaupt eine Frau für ihn interessieren könne und meinte: „Wer würde mich denn schon nehmen?"

In Gegenwart von gleichaltrigen und gleichgeschlechtlichen Jugendlichen habe er dagegen anziehende Tendenzen und Gefühle erlebt, die er so bisher nicht gekannt habe. Das habe ihn irritiert, aber auch mit Sehnsucht erfüllt. Zu sexuellen Handlungen mit Jungen sei es aber nie gekommen. Alles Weitere habe sich in seinem Kopf abgespielt. Er sei sich aber über diese Entwicklungen sehr unsicher gewesen. Zum Zeitpunkt des Eintritts in das Priesterseminar habe er sich eher als homosexuell eingestuft, bis dato aber noch nie einen anderen Menschen berührt. Er habe es einfach nicht gewusst.

Seinen Angaben zufolge lief im Rahmen seiner Priesterausbildung alles nach Plan. Es habe sich aber auch niemand tatsächlich um die Persönlichkeitsentwicklung gekümmert, Sexualität sei eher komplett tabuisiert gewesen. Natürlich habe er mit der Zeit mitbekommen, dass es in einem Priesterseminar eine ganze Anzahl an homosexuell ausgerichteten Mitkandidaten gegeben habe. Da er ohnehin eher ein Einzelgänger geblieben sei, sei er nie in diese Sphäre hineingezogen worden. Angebote von anderen oder gar eine „homosexuelle Atmosphäre" habe er ebenfalls nie bekommen oder bemerkt. Im Seminar habe aber die Binsenweisheit gegolten, dass der Bischof keine Homosexuellen möge und sich auch weigere, homosexuelle Priesteramtskandidaten zu weihen. Diese „Stille Post" im Seminar habe ihm mit der Zeit Angst gemacht, da er sich ja selbst als homosexuell betrachtet habe – ohne diese Annahme aber jemals mit jemandem zielführend besprochen zu haben.

Dann sei es zu einem Vorfall gekommen, der alle aufgeschreckt habe und welcher der Beginn seiner eigenen Achterbahnfahrt gewesen sei. Was er dann habe durchstehen müssen, glaube keiner, sofern er es nicht „schwarz auf weiß" gesehen habe:

Dem vorausgegangen sei die Ankündigung, dass der Regens (Leiter) des Seminars den Regens eines Nachbarseminars gebeten habe, in seinem Haus „einmal nach dem Rechten" zu sehen, denn die so von ihm bezeichnete „Schwulenatmosphäre" sei unerträglich geworden und er habe Hinweise bekommen, im Priesterseminar könne strafrechtlich relevantes Bildmaterial auf einem oder mehreren Computern verborgen sein.

Die auf diese Weise keineswegs rechtlich abgesicherte Sachlage dieser „Privatvisitation" habe dazu geführt, dass in Abwesenheit der Seminaristen einzelne Zimmer durchsucht worden seien, mit der Begründung, dort nach beweisträchtigem Material suchen zu müssen. Niemand sei persönlich über den Sach- oder Ermittlungsstand aufgeklärt oder um Erlaubnis gefragt worden.

Dann sei es für ihn derart weitergegangen, dass er zu sogenannten Vieraugengesprächen zitiert worden sei, zunächst mit dem Regens, dann mit dem Spiritual, dann auch später mit dem Bischof. Während bzw. nach keinem dieser Gespräche habe er irgendwelche Aufzeichnungen erhalten oder ausgehändigt bekommen.

Man habe sich in allen Gesprächen nur soweit geäußert, dass „verdächtiges Material" gefunden worden sei. Angeblich sei die Polizei auch informiert worden. Er habe tatsächlich an einem Tag einmal einen Polizisten im Haus gesehen.

Zurück zu den ihm bedrohlich erscheinenden Gesprächen mit den Vorgesetzten (FRANZ-LUDWIG sprach dabei immer von „den OBEREN"):

Man habe ihm eröffnet, es gebe ausreichende Hinweise für die Annahme, dass im Seminar homophile Beziehungen gelebt würden. Er sei systematisch unter Druck gesetzt worden. Immer wieder habe man ihm in den einzelnen Gesprächen vorgehalten, im Seminar sei die homosexuelle Aura förmlich mit Händen zu greifen, warum er das nicht zugebe. Am besten bekenne er sich doch gleich zu seiner homosexuellen Neigung, dann könne man gemeinsam nach Lösungen suchen. Dazu habe er sich in den Gesprächen nicht geäußert, er habe sich auf die undurchsichtigen Vorwürfe nicht eingelassen und einfach geschwiegen.

Das habe ihm dann ein Gespräch bei seinem Bischof eingebracht. Dort seien dann nicht nur der Bischof selbst, sondern auch der Generalvikar und der Offizial (Oberster Kirchenrichter einer Diözese) der Diözese anwesend gewesen. Er habe sich vollkommen überrumpelt gefühlt.

Der Gipfel sei dann aber gewesen, dass man ihm eröffnet habe, er könne höchstwahrscheinlich nur dann zum Priester geweiht werden, wenn er sich zuvor „zur Abklärung“ einer psychiatrischen Begutachtung unterziehe. Es müsse abgeklärt werden, ob er tatsächlich homosexuelle Neigungen habe und, ob aufgrund dieser möglichen Neigungen, „seine zukünftigen freien und uneingeschränkten Verwendungsmöglichkeiten als Priester nur bedingt bestünden bzw. einzugrenzen“ seien.

Das durch FRANZ-LUDWIG sodann zur Darstellung kommende, zuvor stattgefundene Begutachtungsgespräch an einem forensisch-psychiatrischen Institut (Universitätspsychiatrie) bildete dann den Schwerpunkt seiner nachfolgenden Ausführungen in unserer Praxis.

Erfahrungsbericht:

Gutachter: Wie es aussieht, haben Sie dann alle weiteren Schritte über sich ergehen lassen ohne Einspruch zu erheben?

FRANZ-LUDWIG: Ja, dieser Eindruck könnte entstehen. Aber ich frage Sie, was hätte ich denn für Möglichkeiten gehabt? Ich fühlte mich komplett überrumpelt, kontrolliert und ausspioniert. Obwohl ich natürlich wusste, da ich ja noch nie jemanden angefasst habe, dass diese Vorwürfe auf mich gar nicht zutreffen können. Ich war alarmiert, fühlte mich ertappt bei meinen eigenen homosexuellen Neigungen, obwohl ich mir zu diesem Zeitpunkt nie im Klaren war, wo ich sexuell überhaupt hingehöre. Aber diese ganze Gesprächsatmosphäre war derart bedrohlich aufgezogen, das muss man sich mal veranschaulichen. Wahrscheinlich ginge solch ein Mitarbeitergespräch in keinem deutschen Unternehmen durch. Die Bedrohungslage, so habe ich sie gefühlt, war dazu geeignet, bei mir unmittelbar ein schlechtes Gewissen wachzurufen. Ich fühlte mich für etwas verantwortlich, was ich aber nie zu verantworten hatte. Nur allein durch diese Gesprächskonstellation wurde dieser Eindruck bei mir hervorgerufen. Ich ging stillschweigend einfach mit. Es ist genial, auf diese Weise eine Drohkulisse aufzubauen, schrittweise den Kreis enger zu ziehen, und am Schluss dann mit der Verweigerung der Weihe zu drohen. So etwas hätte ich bis zu diesem Zeitpunkt nicht für möglich gehalten. Dann war es aber Realität geworden.

Gutachter: Was dachten Sie in diesem ersten Vieraugengespräch, was ging Ihnen als Erstes durch den Kopf?

FRANZ-LUDWIG: Es klingt vielleicht verwunderlich, aber ich dachte zunächst: Ich höre auf, oder besser, ich gebe auf, ich trete aus, ich lebe mein Leben!

Gutachter: Sie dachten an den Austritt aus dem Seminar? Zum ersten Mal in diesen Jahren?

FRANZ-LUDWIG: Ja, sicher, vorher hatte ich noch keinen Anlass gehabt. Es hat immer alles gepasst. Diese Gedanken haben sich dann verfestigt. Ich habe mir dann aber gesagt, warum soll ich mich derart verschrecken lassen? Ich habe ja auch zu meiner sexuellen Orientierung keine Angaben gemacht, auch nicht auf wiederholte Nachfrage. Die Gespräche haben sich jedoch voneinander unterschieden. Der Offizial beispielsweise fragte mich allen Ernstes, ob ich denn glaube, dass Homosexualität keine Krankheit sei? Ob ich es normal fände, wenn jemand homosexuell ausgerichtet sei und danach lebe? Ich habe mich nicht geäußert. Nachdem man mich dann aber wegen der Weihe unter Druck gesetzt hatte, habe ich die Dinge erst einmal auf mich zukommen lassen.

Gutachter: Wenn ich das jetzt richtig verstehe, haben Sie sich tatsächlich auf ein gutachterliches Gespräch eingelassen und haben die Begutachtungsstelle aufgesucht?

FRANZ-LUDWIG: Ja, aber nur bedingt. Ich bekam einen Termin zur Vorstellung und zu einem ersten Anamnesegespräch, wie das hieß. Dem bin ich nachgekommen.

Gutachter: Wollen Sie über den Verlauf berichten?

FRANZ-LUDWIG: Zunächst wurde mir der vielschichtige Ablauf erklärt, welche Gespräche ich mit wem zu führen hätte – mit einem Psychologen sowie mit dem psychiatrischen Gutachter. Ich habe dann entgegnet, dass ich zuerst einmal wissen möchte, mit welchen konkreten Fragestellungen an die Begutachtung herangegangen werde, um was es überhaupt gehe. Darauf habe ich zunächst ein Schweigen bekommen. Dann hat mir der Psychiater erklärt, die Diözese habe einen Fragenkatalog übersandt, den man beantworten müsse.

Es ginge zunächst um die Frage, ob bei mir eine Homosexualität vorliege und ob diese mich in meiner Persönlichkeitsentfaltung derart einschränke, dass ich im Priesterberuf nur eingeschränkt eingesetzt werden könne.

Gutachter: Darf ich fragen, welche Aspekte einer homosexuellen Entwicklung angeblich die Persönlichkeitsentfaltung einschränken sollen? Ist darüber etwas mitgeteilt worden?

FRANZ-LUDWIG: Ja, genau, das war auch meine erste Frage. Als ob man das miteinander verknüpfen könnte. Zu diesem Zeitpunkt hatte ich schon die Ahnung, dass es um wesentlich mehr gehen müsse. Ich habe dann gedacht, „die" denken, ich sei vielleicht pädophil oder so etwas.

Gutachter: Wie kommen Sie jetzt zu der Frage, ob Sie pädophil sein könnten?

FRANZ-LUDWIG: Diese Vermutung hat mich nicht getäuscht. Mir wurde dann nämlich auch noch gesagt, es gehe um meine Verwendungsmöglichkeiten in der Seelsorgearbeit mit Kindern und Jugendlichen. Ich war dann zunächst völlig perplex.

Gutachter: *Um es also nochmal laut auszusprechen: In dem Fragenkatalog wurde tatsächlich in Betracht gezogen, dass aufgrund einer möglichen homosexuellen Ausrichtung Ihr Einsatz in einer Pfarrgemeinde sich erheblich behindernd oder nachteilig auf Jugendliche oder Kinder auswirken könne?*

FRANZ-LUDWIG: Sie sagen es. Ich bin geradezu erleichtert gewesen, dass ich die Hintergründe zu diesen gemutmaßten Zusammenhängen sogleich gesehen habe. Ich fand es einfach bodenlos und unverschämt.

Gutachter: *Gab es dann noch weitere Fragen, oder beschränkte sich der Katalog nur auf diese Sachverhalte?*

FRANZ-LUDWIG: Nur auf diese Fragestellungen.

Gutachter: *Die Frage nach einer möglichen sexuellen Präferenzstörung, nach schädlichen sexuellen Neigungen, nach möglicher krankhafter Sexualität war nicht Inhalt dieser Begutachtung?*

FRANZ-LUDWIG: Ja, ganz sicher. Ich habe dann die Konsequenz gezogen und mich sehr schnell entschieden, das Gespräch nicht führen zu wollen. Ich bin aufgestanden und gegangen.

Gutachter: *Das war mutig, konsequent und wahrscheinlich auch richtig in diesem Moment.*

FRANZ-LUDWIG: Es geht aber noch weiter. Die Mitteilung des Gutachters an den Bischof führte dann zu einem weiteren Gespräch mit dem Bischof. Dort wurde mir dann gesagt, man sehe meine eigenmächtige Entscheidung nicht gerne und ich käme so nur schlecht „aus der Nummer wieder heraus". Man forderte mich auf, mich bei einem anderen Gutachter erneut begutachten zu lassen, nach meiner Wahl. Ich bekam den Fragenkatalog ausgehändigt und sollte das Gutachten in sechs Monaten erbringen.

Gutachter: *Jetzt kommen Sie mit dem Fragenkatalog zu mir?*

FRANZ-LUDWIG: Ich stelle mich vor, weil ich mich eben überhaupt nicht begutachten lassen will und wollte mir eine fachliche Zweitmeinung einholen.

Gutachter: *Ich bin schon sehr überrascht, dass der gutachterliche Kollege sich auf der Basis dieses wenig aussagefähigen Fragenkomplexes auf den Auftrag einließ.*

FRANZ-LUDWIG: Es tut mir gut, das zu hören.

Gutachter: *Solche Fragestellungen bearbeite ich nicht. Ich lehne derartige Gutachtenaufträge der Kirche ab.*

Es ist eine Sache, eine bestimmte sexuelle Orientierung zu haben. Davon leiten sich aber eben nicht von vornherein persönlichkeitsbedingte Defizite ab. Unter gesunden Bedingungen schränkt eine sexuelle Orientierung natürlich erst einmal die Persönlichkeitsentfaltung überhaupt nicht ein.

Es ist eine andere Sache, wenn es um die Beurteilung von auffälligem Verhalten geht, welches auf eine bestimmte sexuelle Neigung zurückgeht, beispielsweise wenn es sich bei der betreffenden Person tatsächlich um krankhafte sexuelle Neigungen handeln könnte, die sich negativ auf das sexuelle Selbstbestimmungsrecht anderer auswirken könnten oder aber strafrechtlich relevante Sachverhalte beträfen. In diesen Fällen liegen dem dann gewöhnlich beauftragten Gutachter jedoch konkrete Sachverhalte, Vorfälle oder sexuell motivierte Verhaltensauffälligkeiten vor, auf die er sich beziehen kann.

Von der sexuellen Orientierung jedoch prinzipiell Einschränkungen der Persönlichkeitsentwicklung und Verhaltensauffälligkeiten ableiten zu wollen, ist in unserem Fachbereich sicherlich nicht lege artis. Diese Frage stellt gar keinen Gutachtenauftrag dar. Sie wird auch von mir gutachterlich nicht beantwortet werden.

FRANZ-LUDWIG: Das ist eigentlich die Antwort, die ich hören wollte. Mir fällt noch abschließend ein, dass ich einen Aspekt des Fragenkataloges doch noch vergaß. Soweit ich mich erinnere, war darin auch noch die Frage enthalten, ob ich aufgrund meiner sexuellen Überzeugung in der Lage sei, den Zölibat zu halten.

Gutachter: Wie, als gutachterliche Fragestellung?

FRANZ-LUDWIG: Ja, ich glaube schon. Das wurde am Ende des Gesprächs durch den Gutachter thematisiert.

Gutachter: Auch diese Frage stellt keine gutachterliche Fragestellung dar. Eine betroffene Person, die im Besitz ihrer geistigen Fähigkeiten und ihrer Willensfreiheit ist, muss schließlich selbst entscheiden, ob sie den Zölibat einhalten kann und überhaupt will. Das kann kein Gutachter beantworten. Solche Fragen sind fachlich nicht ausgewogen, unreif, unterstellend und gehen an der Sachlage völlig vorbei. Auch diese Frage würde ich gutachterlich nie beantworten. Das grenzt schon wirklich an Dreistigkeit.

Wie wollen Sie weiter vorgehen? Ich finde es vernünftig – auch nachdem Sie mir jetzt den Fragenkatalog ihrer Diözese vorgelegt habe, sodass man das Spektrum umreißen kann – dass Sie die Begutachtung ablehnen.

FRANZ-LUDWIG: Ich habe für mich eine Entscheidung getroffen: Wenn die Diözese auf der Begutachtung besteht, trete ich aus dem Seminar aus. Ich lasse mir die Doppelmoral nicht bieten.

Gutachter: Welche Doppelmoral meinen Sie?

FRANZ-LUDWIG: Schauen Sie, wenn der Bischof sagt, er habe nichts gegen homosexuelle Priester, nur gegen ausgelebte Homosexualität, dann legt diese Haltung doch eine unverschämte Doppelmoral offen. Ich sehe das so, dass hier mit Wissen Macht ausgeübt wird. Mit Wissen über die Homosexualität von Priestern, die eigentlich nicht gewollt wird, aber offiziell toleriert wird, wobei inoffiziell damit Tor und Tür geöffnet sind für Unterstellungen, Kontrollen und Verleumdungen. Ich wurde auch verleumdet. Das ist Machtausübung, die das System am Laufen hält, die unterdrückt, die unfrei macht. Das ist der eigentliche Faktor, der die

Persönlichkeitsentfaltung eines Priesters behindert – diese Spaltungen und Heucheleien. Wenn ich als Vorgesetzter den mir anvertrauten Priester aufgrund seiner Homosexualität entwerte oder unter Druck setze, aber selbst homosexuell bin – nur eben auf einer Ebene, auf der ich meine Macht behutsam einsetzen kann, größere Freiheiten habe – dann kann ich doch nicht von meinen Priestern erwarten, dass diese sich moralisieren lassen.

Auf der Basis dieses Moralismus und dieser Doppelmoral sehe ich für mich dann als Priester in der Kirche keinen Weg. Ich kann mich auch anderweitig pastoral und karitativ einbringen.

Ich befinde mich derzeit in einer Neufindungsphase. Die Wahrscheinlichkeit, dass ich mich im nächsten Jahr weihen lassen werde, ist momentan sehr gering.

Ich danke Ihnen jedenfalls für Ihre hilfreichen Auskünfte.

Fluchträume VII – „anders" ist nicht krank!

Bedauerlicherweise stellt der Fall von FRANZ-LUDWIG keine singuläre und isoliert im Raum stehende Problemkonstellation dar. Zahlreiche vergleichbare Fallkonstellationen ließen sich anführen.

Der bisherige Umgang innerkirchlicher Strukturen und Funktionsträger mit der sexuellen Orientierung des Menschen, insbesondere hier natürlich mit der Homosexualität, schafft fortlaufend eine Quelle scheinbar nie erlöschenden seelischen Leidens. Man bricht sicherlich kein Geheimnis, wenn man zu der Feststellung gelangt, dass die moralisierende und doppelbödige Bewertung von Homosexualität einen reifen, transparenten und der Seele des Menschen angemessenen Umgang bisher verhindert.

Es ist nicht Aufgabe und auch nicht Absicht des Autors dieses Buches, hier über den Anteil von homosexuell ausgerichteten Priestern im Dienst der Katholischen Kirche zu referieren.

Der Fall von FRANZ-LUDWIG soll aber dazu genutzt werden, um auf ein insbesondere von konservativen und „erzkonservativen" (aber nicht nur von diesen) Vertretern aufgeworfenes Missverständnis einzugehen, welches einen für die Wahrnehmung der Öffentlichkeit verhängnisvollen Zusammenhang kreiert, nämlich denjenigen, dass ein spezieller Zusammenhang zwischen Homosexualität und krankhaft ausgerichteter sexueller Neigung im Allgemeinen und zwischen Homosexualität und Pädophilie im Speziellen existiert.

Bevor zu diesem Sachverhalt expliziter Stellung genommen wird, sei zunächst eine Rückbesinnung auf den Ausgangspunkt der öffentlichen Diskussion vorgenommen, somit auf die Frage, welche Erklärungsmodelle hinsichtlich homosexueller Neigung überhaupt diskutiert werden.

Die sexuelle Orientierung des Menschen bezieht sich auf die gesamte Reaktivität einer Person gegenüber Männern und Frauen. Die sexuelle Orientierung ist in der Regel einerseits auf einem

Kontinuum[30] anzusiedeln, mit den jeweiligen Endzuständen einer exklusiven Homo- bzw. Heterosexualität. Andererseits wird die sexuelle Orientierung auf verschiedenen Ebenen, nämlich der physiologischen Reaktion (auf homo- und heterosexuelle Reize), der Fantasiebildung (Tagträume, Selbstbefriedigungsfantasien), des Verhaltens (tatsächliche Interaktion mit gleich- bzw. gegengeschlechtlichen Personen) sowie der konkreten Selbsteinordnung offenbar.

Laut einer wegweisenden Studie von Kinsey[31] konnte beispielsweise aufgezeigt werden, dass sich 50% der in der Studie befragten Männer und 28% der dort befragten Frauen gelegentlich sexuell von gleichgeschlechtlichen Menschen angezogen fühlten. 37% der Männer und 13% der Frauen gaben Erfahrungen mit homosexuellen Kontakten an, als ausschließlich homosexuell bezeichneten sich 4% der Männer und 1–3% der Frauen.

Das heißt, die vier zuvor genannten Ebenen der physiologischen Reaktion, der Fantasiebildung, des Verhaltens und der Selbsteinordnung müssen keineswegs durchweg konvergieren, die ausschließlich homosexuelle oder heterosexuelle Partnerwahl repräsentiert somit nur den Endpunkt einer Verteilungskurve.

Transkulturelle Untersuchungen zeigen zudem ebenfalls eine gewisse Plastizität der sexuellen Orientierung und die große Bedeutung homosexueller Verhaltensweisen für die Regulation sozialer Beziehungen in einigen Kulturen, in denen beispielsweise homosexuelle Kontakte zwischen Knaben und Männern als Initiationsritus gelten.

Die Einstellung gegenüber der Homosexualität ist in verschiedenen Kulturen unterschiedlich und beeinflusst das tatsächliche Verhalten. Soziokulturelle Veränderungen innerhalb einer Gesellschaft schlagen sich in den konkreten Erfahrungen nieder.

Die (keineswegs immer endgültige) Zuordnung zu einer sexuellen Orientierung erfolgt in der Regel im späten Jugend- bzw. frühen Erwachsenenalter, auch wenn es deutliche Hinweise dafür gibt, dass sich die Homosexualität bereits lange vor der Pubertät strukturiert. Insbesondere in Gesellschaften mit eher restriktiven Einstellungen gegenüber der Homosexualität ist das homosexuelle Coming-out häufig krisenhaft, was sich beispielsweise an der Analyse ablesen lässt, dass in den achtziger Jahren in den USA ein Drittel aller jugendlichen Selbstmorde von Homosexuellen ausgeführt wurden. Eine Vielzahl von Studien in den folgenden Jahren hat diesen Befund dann bestätigt und angedeutet, dass speziell Intoleranz gegenüber Homosexualität aufseiten von Eltern und Erziehern das Risiko für einen Suizidversuch Homo- und Bisexueller erhöht.

Die entwicklungspsychologische Basis der Entwicklung einer homosexuellen Orientierung kann als nach wie vor nicht gänzlich und eindeutig geklärt bezeichnet werden.

Einerseits existieren Hinweise auf spezifische Sozialisationsbedingungen homosexueller Männer und Frauen. In der hierzu wohl umfassendsten Studie (nach Bell et al. 1981[32]) gaben zwei Drittel der homosexuellen Frauen und Männer an, sich gelegentlich in der Kindheit geschlechtsuntypisch verhalten zu haben.

In der Geschichte der Sexualwissenschaft finden sich neben psychologischen viele ätiologische Theorien auf der Basis biologischer Konzepte (beispielsweise genetische Grundlagen, hormonell bedingte Entwicklungsstörungen, Einfluss pränataler Hormone, neuropathische Unterschiede), die aber bis dato keine tatsächlich eindeutige Erklärung des Phänomens zulassen.

Auf der Basis anderer Studien wurde auch vermutet, dass biologische Faktoren nicht die sexuelle Orientierung per se beeinflussen, wohl aber das kindliche Temperament und Aktivitätsniveau. So bahne beispielsweise das Temperament bestimmte Aktivitäten, die entweder geschlechtstypisch oder untypisch seien, und führe zu einem Gefühl der Unterschiedlichkeit im Vergleich zu gleich- oder gegengeschlechtlichen Personen. Insofern sich diese gefühlsartigen Eindrücke mit physiologischer Erregung verbänden, die letztlich im Sinne einer sexuellen Anziehung erscheine, könne das „Exotische“ schließlich „erotisch“ werden.

Der gegenwärtige Wissensstand geht eher davon aus, dass spezifische Sozialisationsbedingungen weniger auf die Entwicklung und Festschreibung der sexuellen Orientierung einwirken, als vielmehr auf Basis einer Mediation zwischen biologischen Faktoren sowie einer Geschlechts-Nonkonformität in der Kindheit. Somit dürfte in jedem Falle geklärt sein, dass hier physiologische Regelprozesse ablaufen, die sicherlich nichts mit krankhaften Prozessen gemein haben.

Die nochmalige Bezugnahme auf den Fall von FRANZ-LUDWIG, insbesondere im Hinblick auf den dem damaligen Erstgutachter vorgelegten Fragenkatalog des Bischofs, zeigt eindrücklich auf, dass von kirchlicher Seite hier tatsächlich eine Befürchtung gehegt wird, im Falle einer positiv zu bestätigenden homosexuellen Neigung des Priesters sei dessen Einschränkung im Seelsorgebereich mit Kindern und Jugendlichen zu beurteilen. Das heißt, hier wird ohne Weiteres und für den betroffenen Priester in fataler Weise die inhaltliche Brücke zwischen Homosexualität und Missbrauchsgefahr von Minderjährigen geschlagen. Hat man aber einmal diesen Weg beschritten, so ist der sodann konstruierte Zusammenhang zwischen Homosexualität und pädophilen Neigungen sicherlich nicht mehr weit. In erschreckender Art und Weise existieren aber diese in weiten Kreisen verbreiteten Annahmen sehr real.

Um es an dieser Stelle daher deutlich zu formulieren: Es kann fachlich bisher nicht belegt werden, dass Homosexuelle eher als Heterosexuelle dazu neigen, Minderjährige sexuell zu missbrauchen.

Auf diese Thematik ging bereits Wunibald Müller in seinem im Jahr 2020 erschienen Band („Verbrechen und kein Ende?“[33]) ausführlich ein. In eindrücklicher Weise kommt hier Müller zu gleichlautenden Ergebnissen, wie er sagt, auf Basis seiner wissenschaftlichen Lektüre, seiner Untersuchungen sowie seiner Arbeit als Psychotherapeut mit der betroffenen Klientel. Insofern ist seine Aussage, „Homosexualität hat so viel mit sexuellem Missbrauch zu tun, wie Heterosexualität mit Vergewaltigung“ sicherlich eindeutig, aber auch klar und transparent formuliert. Insofern sind weder Missbrauch noch Vergewaltigung einer bestimmten sexuellen Orientierung zuzuordnen.

Daraus resultiert der sich davon kausal ableitende Schluss:

Homosexuelle Veranlagung prädestiniert nicht deutlich mehr zum Missbrauch Minderjähriger als heterosexuelle Veranlagung.

Im Übrigen, das muss hier ergänzend ausgeführt werden, basiert nicht jede sexuelle Missbrauchshandlung von Minderjährigen auf einer sogenannten „klassischen Pädophilie" bei einem Beschuldigten. Es gibt ganz unterschiedliche Motivationsgrundlagen, auf deren Basis Täter Missbrauchstaten an Minderjährigen begehen können.

Spricht man aber von einer Pädophilie, so haben wir hier bereits eindeutig die Grenze zur krankhaften Sexualität überschritten, da die Pädophilie den sogenannten sexuellen Präferenzstörungen zugeordnet wird. Bei der sexuellen Präferenzstörung handelt es sich aber bereits um über einen Zeitraum von mindestens sechs Monaten wiederkehrende, sexuell intensiv erregende Fantasien, Drang oder Verhalten, die Sachen oder nichtmenschliche Wesen einschließen, das Subjekt oder dessen Partner demütigen oder leiden lassen, oder – wie bei der Pädophilie – sich auf Kinder oder andere nicht einwilligende Personen erstrecken. Diese Fantasien, der Drang oder das Verhalten müssen einen klinisch bedeutsamen Schwellenwert an subjektivem Leiden verursachen oder zu sozialen, beruflichen oder anderen nennenswerten Beeinträchtigungen führen. Dabei wird dann unterschieden, ob die sexuellen Fantasien und Stimuli für das Erleben sexueller Erregung obligatorisch sind, ob sie nur unter Stressbedingungen auftreten, oder ob sie steuerbar und nach Belieben abrufbar sind.[34]

In dem vorbenannten Band weist Müller[35] auch auf ein Gespräch zwischen dem Sexualwissenschaftler K. M. Beier der Charité in Berlin und katholisch.de hin, in welchem auch Beier explizit betonte, zwischen Homosexualität und Pädophilie gebe es keinen unmittelbaren Zusammenhang.

Ob Mädchen oder Jungen Opfer von sexuellem Missbrauch würden, hänge seiner Ansicht nach meist von anderen Faktoren ab, jedenfalls nicht von der sexuellen Veranlagung (dagegen von milieubedingten Faktoren: Verfügbarkeit von Opfern in Familien eher weiblich, während im kirchlichen Bereich eher umgekehrt).

Letztlich weist Müller noch auf einen weiteren – hier meines Erachtens ganz entscheidenden – Aspekt hin, welcher sich auf den allgemeinen sexuellen Reifezustand eines bereits tätlich gewordenen und beschuldigten Priesters bezieht – und zwar unabhängig von dessen sexueller Orientierung:

Demzufolge, so Müller, gebe es Fälle, bei denen ein sexuell unreifer Priester Minderjährige sexuell missbrauche und es sich dabei um einen Jungen handele, der Zugang zu ihm für ihn leichter möglich sei als zu einem Mädchen. Oder er auch einen leichteren Zugang zu ihm finde, weil er sich hinsichtlich der Entwicklung seiner Sexualität auf der gleichen Stufe befinde wie dieser. Dieser Priester könne dann homosexuell sein, müsse es aber nicht. Der ganze Bereich des Sexuellen sei bei ihm noch vage und nebulös und auch verdrängt. Es bestehe für ihn keine Klarheit über seine sexuelle Orientierung. Zahlreiche Beschuldigte aus dem priesterlichen Bereich, die in der Vergangenheit minderjährige Kinder bzw. Jugendliche sexuell missbraucht hätten, seien genau diesem „Typ" von sexueller Unreife zuzuordnen.

Der Blick auf unausgereifte Sexualität führt einerseits zu Feststellungen, dass die eigene innere notwendige sexuelle Entwicklung überhaupt noch nicht stattgefunden hat. Er führt aber auch andererseits zu den Tatsachen, dass Priesterpersönlichkeiten mit einem ebensolchen gestörten Verhältnis zu ihrer Sexualität und den damit verbundenen Ängsten vor emotionaler und körperlicher Annäherung sich für den Priesterberuf entscheiden, um hierdurch – nicht nur, aber auch – der Konfrontation mit sexuellen Themen ausweichen zu können – was letztlich psychodynamisch nie gelingen kann. Hierzu gehören auch Menschen mit unreifen und abgewehrten homosexuellen Neigungen.

Somit stehen letztlich völlig andere Faktoren und Parameter im Fokus der Diskussion, die eine mangelnde Auseinandersetzung mit der Sexualität und der Homosexualität als ursächliche Defizite für missbräuchliches Verhalten indentifizieren, jedoch sicherlich nicht die Frage der sexuellen Orientierung als solche.

Eine homosexuelle Ausrichtung bildet daher für sich selbst betrachtet – natürlich auch immer dann, wenn sie auf Basis einer adäquaten sexuellen Entwicklung und auf Basis einer reifen Sexualität vertreten wird – selbstredend keinerlei Angriffsflächen, auch keinerlei Basis für verdachtsmäßig geäußerte Befürchtungen, welche sie mit Störungen der Sexualpräferenz, strafrechtlich relevanten Handlungen oder Missbrauchshandlungen gegenüber Minderjährigen in Zusammenhang bringen.

DIE UNSICHTBAREN –

Krankheit als Makel?

KASUISTIK 8:

Judith (54 Jahre)

Anamnese:

JUDITH suchte unsere Praxis im Alter von 54 Jahren auf. Sie berichtete über ihre seelische Notlage, die darin bestand, dass sie sich aufgrund ihrer psychischen Erkrankung stigmatisiert und ausgegrenzt, geradezu übersehen fühlte. Seit Jahren war sie Mitglied einer Glaubensgemeinschaft, nahm an den zentralen Veranstaltungen regelmäßig teil, blieb jedoch kontaktscheu, sehr zurückhaltend und stets im Hintergrund. Trotz wiederholter Versuche, Anschluss an die Gemeinschaft zu bekommen, suchte niemand mit ihr Kontakt.

Ihren Angaben zufolge gehe das seit vielen Jahren schon so. Keiner interessiere sich für ihre Anliegen, niemand frage nach ihrem

Befinden. Zu organisatorischen und sinnvollen Tätigkeiten werde sie nie herangezogen. Nach Gottesdiensten stehe sie häufig vereinsamt vor der Kapelle und warte, bis alle ihrer Wege gegangen seien. Dann trete sie traurig ihren Heimweg an. Dieses Muster durchlebe sie immer wieder erneut. Es belaste ihre psychische Stabilität.

Diesen Erlebnissen voraus ging ihre Krankheitsgeschichte. JUDITH wurde 1968 als jüngstes Kind von vier Schwestern in einen Arbeiterhaushalt hineingeboren. Zur nächstälteren Schwester trennte sie bereits ein Altersabstand von sieben Jahren. JUDITH blieb immer das „Nesthäkchen", die Jüngste, die Kleinste, die Abgehängte, die Übersehene. Immer, wenn sie einen nächsten Lebensabschnitt beschritt, waren die anderen schon längst außer Sichtweite – und die Eltern stets überdurchschnittlich alt.

JUDITH bezeichnete sich selbst als das „Schwarze Schaf" der Familie. Sie hatte in ihrer Kindheit und Jugend nur eine, tatsächlich verlässliche, Freundin, welche in eine andere Stadt verzog, als sie 15 war. Judith durchlief eine unauffällige Schullaufbahn, erlangte den Realschulabschluss und absolvierte schließlich erfolgreich eine Banklehre. Im Ausbildungsbetrieb wurde sie übernommen und arbeitete dort ununterbrochen bis zum Ausbruch ihrer psychischen Erkrankung.

Auf JUDITH war Verlass. Ohne Umstände erledigt sie stets zuverlässig die ihr übertragenen Aufgaben, sehr korrekt, pünktlich, zurückhaltend. Kundenkontakt am Schalter der Bank lag ihr weniger. Auch zu den Mitarbeitern unterhielt sie kaum Kontakte. Mit dem Abschluss ihrer Lehre zog sie aus dem Elternhaus aus und bezog eine eigene Mietwohnung. Auch mit den übrigen Mietparteien verständigte sie sich stets nur auf das Nötigste, wurde aber von allen Mitbewohnern geschätzt. Den Kontakt suchte man mit ihr dort aber nicht.

Im Alter von 22 Jahren begann sich die Umwelt für JUDITH zu verändern. Sie entwickelte Ängste, fürchtete sich vor dem Alleinsein und kapselte sich stetig weiter ab, zog sich zurück. Die Familie erkundigte sich kaum nach ihr. Die Ängste nahmen zu. JUDITH fühlte sich auf ihren Arbeitswegen verfolgt. Den Fußweg legte sie immer rascher zurück. Wenn sie ihre Wohnung betrat, hatte sie den Eindruck, als befinde sich eine weitere Person in der Wohnung. Sie entwickelte auch erhebliche Durchschlafstörungen, blieb oft bis vier Uhr in der Nacht wach, ließ sämtliche Lichter in der Wohnung brennen, ging unaufhaltsam durch die Wohnung und kontrollierte Türen, Schränke, Vorhänge und Räume nach „Eindringlingen". Immer öfter nahm sie verdächtige Geräusche wahr. Sie war sich nun sicher, dass tagsüber – während ihrer Abwesenheit – Gegenstände in der Wohnung verändert würden, ihr Kühlschrank manipuliert würde und ihre Lebensmittel vergiftet würden. Dagegen musste sie sich zur Wehr setzen.

Darüber hinaus hörte JUDITH in ihrer Wohnung plötzlich Stimmen. Die kamen aus der Ecke ihres Zimmers. Sie identifizierte diese dunkle Männerstimme als die „Stimme des Teufels", der ihr mitteilte, sie „müsse handeln, sonst werde sie eines grausamen Todes sterben, schon bald". Diese Stimme trat jetzt immer öfter auf, JUDITHS Ängste steigerten sich zu einem unerträglichen Ausmaß.

Als sie wenige Tage später von der Arbeit zurückkehrte, war sie sich sicher, gerade den Nachbar aus ihrer Wohnungstür kommen zu sehen, welcher dann wortlos auf dem Wohnungsflur verschwand. Jetzt galt es zu handeln. JUDITH verfasste ein Schreiben an die Hausbewohner, es wurde ein bizarres Dokument, inhaltlich kaum verständlich. Nachdem dieser Brief überall im Haus vorgefunden wurde und die Mitbewohner Verdacht schöpften, plante JUDITH bereits, sich „gegen die Eindringlinge zur Wehr zu setzen". Sie präparierte einen Besenstiel, klingelte bei ihrem Nachbar und schlug – als dieser öffnete – mehrfach auf diesen ein. Von den Mitgliedern der Nachbarsfamilie konnte sie von weiteren Taten abgehalten werden.

Nachdem die Polizei und das Gesundheitsamt informiert waren, wurde JUDITH erstmals in eine psychiatrische Klinik eingewiesen. Dort diagnostizierte man eine paranoid-halluzinatorische Schizophrenie (schizophrene Psychose). Es war der Beginn einer längeren Odyssee. In den Folgejahren wurde JUDITH immer wieder stationär behandelt, die Medikamente änderten sich. Sie war nicht immer krankheitseinsichtig, setzte auch manchmal nach ihrer Entlassung die Medikamente wieder ab, hörte wieder Stimmen, benahm sich auffällig und ging in die Klinik. Schließlich wurde sie in ein sogenanntes Betreutes Wohnen vermittelt, wo man sich nun intensiver um sie kümmerte.

JUDITH wurde krankheitsbedingt erwerbsunfähig, bezog eine Rente und schließlich wurde ihr ein gesetzlicher Betreuer zur Seite gestellt.

Nach über 15 Jahren eines von seelischer Krankheit gezeichneten Lebens, zahlreichen klinischen Aufenthalten, sozialem Abstieg und nahezu völlig vereinsamt, wurden die durch die Schizophrenie bei JUDITH wirksamen Persönlichkeitsveränderungen offensichtlich.

Sie blieb überwiegend zurückgezogen in ihrem Zimmer, lehnte weitere Sozialkontakte ab, verhielt sich im Rahmen der Besorgungen des Alltags stets scheu, ausweichend sowie auch antriebs- und kraftlos. Ihre sie häufig überflutende Müdigkeit führte zu einem täglichen Rückzug in ihr Bett, einem erhöhten Schlafbedürfnis und verhinderte weitere sinnvolle Tätigkeiten.

Erst nachdem wiederholte Bemühungen der Mitarbeiter des Betreuten Wohnens in kirchlicher Trägerschaft zur Kontaktaufnahme mit einem Seelsorger geführt hatten, welcher sich JUDITH intensiver annahm und sie regelmäßig aufsuchte, begann sich das Kontaktverhalten langsam aufzulockern. Es dauerte noch Wochen bis Monate, bis es gelang, die scheue und zurückgezogene Frau dazu zu bewegen, an einem Gottesdienst und einer Veranstaltung der Glaubensgemeinschaft teilzunehmen. Gläubig war JUDITH schon immer. Zuletzt war sie als Jugendliche in das Gemeindeleben ihrer Heimatgemeinde integriert. Mit dem Beginn ihrer Ausbildung war sie aber zur Einzelgängerin geworden. Jetzt konnte sie sich ihrem Glauben erneut zuwenden und fand ein für sie sinnvolles Betätigungsfeld.

Der Pfarrer der Glaubensgemeinschaft ließ in seinen Bemühungen nicht nach. JUDITH ließ sich nun öfter zu bestimmten Kernveranstaltungen der Bewegung sehen, überwand jedoch ihre Kontaktscheu kaum. Nur wenige Mitglieder der Bewegung kümmerten sich tatsächlich um sie. Häufig wurde sie einfach nicht beachtet – wenn doch, erging man sich in allgemeinen Floskeln, um sich dann wieder anderen Personen zuzuwenden.

Zu diesem Zeitpunkt war JUDITH zwar in ein ausreichendes ärztlich-therapeutisches und auch soziomilieu-therapeutisches Netz von Versorgungsstrukturen eingebunden. Sie war auch behandlungseinsichtig, nahm regelmäßig ihre präventiv wirkende Medikation – vermisste jedoch echte menschliche Kontakte, die an ihr wirkliches Interesse zeigten. Auf dieser Basis befürchtete sie – sich ihrer unerfüllten Wünsche und Defizite deutlicher bewusst werdend – dass sich ihre psychische Stabilität verschlechtern könnte.

Erfahrungsbericht:

Therapeut: Wie würden Sie denn ihre aktuelle Situation beschreiben?

JUDITH: Wissen Sie, prinzipiell bin ich sehr dankbar für die Wege, auf denen mich Gott aus dieser Erkrankung herausgeholt hat. Ich bin immer sehr dankbar. Dieses Gefühl trägt mich. Das ist eine große Stütze. Ich war nie sehr kontaktfreudig. Auch in meiner Jugend, noch vor Ausbruch meiner Erkrankung, habe ich mich immer sehr im Hintergrund gehalten. Aber ich hatte mit starken Selbstwertgefühlen zu kämpfen. Meine Schwestern interessierten sich nicht für mich. Meine Eltern waren immer schon zu alt. Ich suchte immer Anschluss, ich war immer abgehängt.

Als mich der Pfarrer der Glaubensgemeinschaft dann vor Jahren ermutigte, aus meiner „Zimmerflucht" herauszukommen, wieder aktiv am Glaubensleben teilzunehmen, da habe ich nochmals Mut geschöpft. Ich sagte mir, in einer Glaubensgemeinschaft bin ich gut aufgehoben, da interessiert man sich für jeden, der oder die kommt, da werde ich integriert, da kann ich mich fallenlassen.

Therapeut: Diese Hoffnung wurde nicht erfüllt…

JUDITH: Leider nicht. Da ich es gewohnt war, dass man mich nie beachtete, habe ich mir anfänglich nicht viel dabei gedacht. Ich ging davon aus, dass sich das mit der Zeit legen wird. Ich hoffte auf Besserung. Aber ich habe die Erfahrung machen müssen, dass dem nicht so war.

Therapeut: Wie kann man sich das genauer vorstellen?

JUDITH: Meine aktiven Kontaktversuche, die vielleicht etwas spärlich ausfielen, wurden schon nicht beantwortet. Möglicherweise hat mich die Schizophrenie in meiner Persönlichkeit noch mehr verändert, als ich das wahrhaben wollte. Also war ich auf die Initiative der anderen angewiesen. Aber die kommt nicht. Bis heute nicht. Man hat scheinbar immer Besseres zu tun, als sich mit einer alten, uninteresannten, schizophreniekranken Frau zu unterhalten. Ich gehöre ja mittlerweile auch schon zum Inventar dieser Gemeinde. Aber es ändert sich nichts. Jugendliche betrachten mich von der Seite, reißen Witze, lassen mich stehen. Die anderen, reiferen Persönlichkeiten haben immer Wichtigeres zu tun. Die meisten Menschen, zu denen ich dort Kontakt suche, übergehen mich, denen bin ich lästig. Ich werde quasi übersehen. Es gibt mich gar nicht in deren Wahrnehmung. Das ist eine schlimme Erfahrung, die wünsche ich niemandem.

Therapeut: Sie äußerten zudem auch Befürchtungen, dass Ihre jetzt über Jahre anhaltende Stabilität auch darunter leiden könnte. Wie macht sich das konkret bemerkbar?

JUDITH: Meine Stimmungslage verschlechtert sich wieder. Ich bin wieder depressiver als früher, lustloser, komme morgens kaum aus dem Bett, kann mich weniger zu notwendigen Aktivitäten durchringen. Auch meine Ängste, meine Ängste vor Kontakten werden größer. Ich habe dann Angst, immer enttäuscht zu werden. Und diese Befürchtungen erfüllen sich ja dann auch. Ich habe Angst vor einem neuen Krankheitsausbruch.

Therapeut: *Welche Kontaktstrukturen bestehen denn derzeit?*

JUDITH: Ich stehe in Kontakt mit meiner Betreuerin, auch mit den Betreuerinnen vom Betreuten Wohnen, ich gehe regelmäßig zum Nervenarzt, ich achte auf meine Medikamenteneinnahme. Ich nehme sämtliche Termine wahr, die meiner Gesundheit förderlich sind.

Therapeut: *Das sind schon mal gute Voraussetzungen.*

JUDITH: Das ändert aber nichts an meinem Entsetzten über das angeblich christliche Verhalten von Gläubigen. Wie kann man sich nur so ablehnend verhalten? Ich bin von den Mitgliedern dieser Glaubensgemeinde derart enttäuscht, dass ich auch manchmal mit dem Glauben ringe. Es ist hart, dauerhaft so übersehen zu werden. Ich habe den Eindruck, psychische Erkrankung ist ein Makel. Ich habe den Eindruck, ist bin gekennzeichnet. Dann verdichten sich die Vorstellungen, dass man mir schon meine Erkrankung ansieht, sobald ich die Gemeinderäume betrete. Ich bin dann der Überzeugung, „die" sehen mir schon aus weiter Ferne an, dass ich von Makeln behaftet bin. Wahrscheinlich denken sie:

„Da kommt die Bekloppte schon wieder!" und versuchen, mir auszuweichen. Wissen Sie, wie das ist – unaushaltbar. Ich halte das mittlerweile schon für fahrlässig. „Die" wissen genau, dass ich etwas Zuwendung brauche, und in dem Wissen, dass das so ist, schneiden und meiden sie mich einfach. Mit Karitas und Seelsorge, vor allem mit Fürsorge hat das nichts mehr zu tun.

Neulich saß ich bei einem Kaffeenachmittag an einem Tisch mit zehn weiteren Personen. Diese haben es fertiggebracht, über 30 Minuten kein einziges Wort mit mir zu reden.

Therapeut: *Welche Schlüsse ziehen Sie für sich aus diesen Feststellungen für die Zukunft?*

JUDITH: Da gibt es keine wesentlichen neuen Erkenntnisse. Ich habe die konkrete Erfahrung gemacht, dass man in einer Kirche, die sich einen „ach so christlichen und der Nächstenliebe verhafteten Anstrich“ gibt, weiterhin ausgegrenzt wird. Menschen, die nicht dem normalen und durchschnittlichen Muster entsprechen, die sich nicht wie selbstverständlich überall einbringen können, die nicht überall gleich ihre Stärken und ihre Motivation darlegen können – dass diese Menschen eben als zweitklassig, als übersehbar, als vernachlässigbar angesehen werden. Oder eben überhaupt noch nicht einmal angesehen werden. Wir als Behaftete, von psychischer Erkrankung Betroffene, wir gehören nicht dazu, wir zählen nicht, wir sind nicht erfolgsorientiert. Wir bringen keinen Gewinn. Wir werden ausgemustert. Ich bin nicht die Einzige, die diese Erfahrungen macht. In meiner Selbsthilfegruppe erzählen andere Betroffenen ähnliche Erfahrungen. Krankheit ist ein Makel und führt in die Isolation. Auch in der Kirche. Das ist eine Tatsache.

Fluchträume VIII –

Isolation …

Die im Zentrum von JUDITHs Krankengeschichte stehende Problematik ist die zunehmende Isolation, eine von mitunter zahlreich in Erscheinung tretenden psychosozialen Folgekonsequenzen chronisch verlaufender psychischer Störungen.

Bei JUDIHT wurde im Alter von 22 Jahren eine schizophrene Psychose diagnostiziert, die auch bei ihr über viele Jahre chronisch verlief und sie wiederholt in längere stationärpsychiatrische Aufenthalte führte.

Schizophrene Psychosen sind gekennzeichnet durch charakteristische, in ihrer symptomatischen Ausgestaltung oft sehr vielgestaltig in Erscheinung tretende psychopathologische Querschnittsbilder. In diesem Zusammenhang finden sich beispielsweise während der akuten Krankheitsphase Störungen der Wahrnehmung in Form von optischen oder akustischen („Stimmenhören") Halluzinationen. Die Realität wird oft wahnhaft verzerrt erlebt, das heißt, die Betroffenen erleben ihr Umfeld subjektiv auf der Basis unkorrigierbarer starrer und mit der Realität nicht zu vereinbarenden Überzeugungen. JUDITH war der Überzeugung, verfolgt zu werden (Verfolgungswahn), vermutete fremde Personen in der Wohnung, sie wähnte ihre Lebensmittel vergiftet (Vergiftungswahn) und schließlich litt sie unter akustischen Halluzinationen, im Rahmen derer sie die „Stimme des Teufels" zu ihr sprechen hörte. Damit verbunden sind häufig auch starke Angstgefühle, die Denkstrukturen sind krankhaft verändert. Dabei kann es auch zu psychomotorischer Anspannung mit nachfolgenden Erregungszuständen kommen.

Die während einer akuten Krankheitsphase der Schizophrenie zur Ausbildung kommenden Symptome werden auch als sogenannte Plussymptomatik bezeichnet.

Demgegenüber findet sich auch eine sogenannte Negativsymptomatik, vor allem in den Zeiträumen des Abklingens der akuten Symptomatik und in den Phasen nach dem akuten Krankheitsverlauf. Zu der sogenannten Negativsymptomatik gehören beispielsweise eine Verflachung des Gefühlsausdrucks, eine Sprachverarmung, ein deutlich sichtbarer Interessen- und Initiativeverlust (Apathie), der Verlust der allgemeinen Lebensfreude (Anhedonie). Besonders eindrücklich gestaltet sich häufig ein sozialer Rückzug bei anhaltenden Aufmerksamkeitsstörungen.

Diese Symptome des Negativspektrums sind charakteristisch für eine chronisch verlaufende Schizophrenieform, können aber auch schon während des akuten Stadiums der Erkrankung zum Ausdruck kommen.

Insbesondere die Kontaktarmut, die Kontaktscheu und das Gefühl des „Abgehängtseins" bestanden bei JUDITH schon vor Ausbruch ihrer Erkrankung, sie gehörten also bereits zu ihrer Primärpersönlichkeit im gesunden Zustand. Durch die chronisch verlaufende Schizophrenie verstärkten sich genau eben jene Persönlichkeitseigenschaften erheblich, sodass sich JUDITH nach dem Abklingen ihrer akuten Phase einer von ihr subjektiv so empfundenen zunehmenden Isolation ausgesetzt sah.

Über Jahre zur Intensivierung ihrer Kontaktstrukturen therapeutisch und seelsorglich ermuntert, erhoffte sich JUDITH über die Anbindung an ein Geistliches Zentrum katholischer Struktur eine Akzeptanzzunahme und eine Integration in den Kreis der Gemeindemitglieder. Das Beispiel von JUDITH zeigt eindrücklich, dass in ihren psychosozialen Fähigkeiten eingeschränkte Personen oft über Jahre von der Öffentlichkeit lediglich anhand ihres Kommunikations- und Auftrittsmusters wahrgenommen werden, ohne die zugrundeliegenden Hintergründe näher zu erfragen. Dieser Umstand der mangelnden Einbindung und mitunter achtlosen Vernachlässigung von für die anhaltende Stabilität von chronisch psychisch Erkrankten notwendigen Kommunikationsstrukturen, führen mitunter – auch bei fehlenden entscheidenden Kontaktnetzen – in die sodann drohende emotionale Instabilität der Betroffenen, an deren Ende möglicherweise der Ausbruch eines weiteren Krankheitsgeschehens stehen kann.

In solchen angenommenen Fällen führen dann erneute stationäre Einweisungen der Betroffenen in psychiatrische Kliniken in den vorbeschriebenen Kreisen häufig lediglich zur Feststellung, dass besagte Betroffene plötzlich aus der Wahrnehmung der Gemeindestrukturen herausfallen, ohne dass jedoch Bemühungen zur Klärung der jeweiligen Situationsveränderungen der chronisch Kranken erfolgen.

Derartige Erfahrungen einer zunehmenden Isolation innerhalb einer von einem regen Gemeindeleben erfüllten Glaubensgemeinschaft machen regelhaft auch Betroffene anderer, chronisch verlaufender psychischer Störungen, beispielsweise Menschen mit einer chronisch verlaufenden Depression, einer langjährig in Erscheinung tretenden Suchterkrankung oder aber – wie im Falle von JUDITH – mit einem durch eine Schizophrenie bedingten Defektsyndrom behaftete Betroffene.

Besonders eindrücklich lässt sich dieses Phänomen im Rahmen der Reaktion von Gemeinschaften mit einer höheren Mitgliederzahl beobachten, wenn eine wenig beachtete, eher beiläufig mitlaufende, aber keinesfalls integrierte Person auf Basis ihrer chronischen psychischen Störung einen Suizidversuch verübt oder aber konkret Suizid begeht. Nahezu regelhaft bleibt die zurückbleibende Ratlosigkeit, das ungläubige Erstaunen, sowie die zum Ausdruck gebrachte vermeintliche Ahnungslosigkeit mit Händen zu greifen.

Gerade auch Glaubensgemeinschaften kommt hier eine gewisse Verantwortungsverpflichtung gegenüber Außenseitern und Randfiguren zu.

DIE VERRATENEN –
die Hölle nach dem Sturm

KASUISTIK 9:

Michael (40 Jahre)

Anamnese:

Die Seele von MICHAEL brach, als er neun Jahre alt war. Er wurde wiederholt von seinem Gemeindepfarrer sexuell missbraucht, welcher bis dahin für ihn eine Vertrauens- und Respektperson gewesen war. Das war die Hölle. Nach den Höllenerfahrungen wurde aber nichts besser – es kam der Sturm. Nach dem Sturm kam aber nicht das „sanfte Säuseln", wie es über den Propheten Elias geschrieben steht, sondern der Abstieg. Die Rettung geschah erst viele Jahre später.

MICHAEL entstammt einem katholischen Elternhaus und ist das mittlere Kind von drei Geschwistern, mit einem drei Jahre älteren Bruder und einer zwei Jahre jüngeren Schwester. Der sehr autoritär auftretende Vater arbeitete als Zahntechniker, die kaum durchsetzungsfähige Mutter als Bankangestellte. Die Familie war über viele Jahre in das Gemeindeleben ihrer Ortsgemeinde fest integriert und besaß eine gewisse Nähe zu ihrem Gemeindepfarrer. MICHAEL war dem Pfarrer gut bekannt. Nach dem Erstkommunionunterricht sah der Pfarrer – ein Jahr darauf – MICHAEL wöchentlich in der Ministrantengruppe, die er anleitete, beaufsichtigte und weiter im Glauben unterwies. Autoritätspersonen, wie Lehrer, Politiker und vor allem auch Geistliche wurden in der Familie mit äußerstem Respekt bedacht. Die nahezu hierarchisch gegliederte Herkunftsfamilie von MICHAEL trat gegenüber den – die hierarchischen Strukturen der Kirche repräsentierenden – Würden- und Funktionsträgern geradezu unterwürfig auf. MICHAEL erwuchs im Verhalten seines – selbst ebenfalls autoritär auftretenden – Vaters ein entsprechendes Rollenvorbild.

MICHAEL war aber auch ein schüchterner und schreckhafter Junge, deutlich jünger wirkend, aber geistig hellwach. In seinem Verhalten gegenüber Geschwistern, Eltern und Freunden passte er sich stets der Meinung anderer an, übernahm niemals die Initiative, trug Gemeinschaftsbeschlüsse stets mit und war gegenüber Autoritätspersonen – wozu auch sein eigener Pfarrer gehörte – anhaltend fast unterwürfig, ergeben. MICHAEL neigte im Rahmen seiner Persönlichkeitsentwicklung bereits früh zur Ausbildung abhängiger Beziehungsverhältnisse.

Was sich bereits zum Zeitpunkt des Erstkommunionunterrichts großer Beliebtheit unter den Jungen erfreute, und was der Pfarrer daher auch im Ministrantenunterricht fortsetzte, war die Verteilung von Heiligenbildern zu den Namenspatronen der Jungen, sogenannte „Fleißbilder“, die immer wieder für herausragende und positiv zu konnotierende Tätigkeiten, Antworten oder Verhaltensweisen in Umlauf kamen. MICHAEL hatte damals geradezu eine Sammelleidenschaft entwickelt. Dieser Umstand führte den 9-jährigen Jungen somit auch des Öfteren alleine in die Wohnung des Pfarrers, die ihm aber auch bereits von vorangehenden kurzzeitigen Besuchen mit einem Elternteil bekannt war.

MICHAEL hielt sich immer häufiger nach der Ministrantenrunde für einige Minuten mit dem Pfarrer in dessen Wohnung auf. Dann begannen schließlich die Missbrauchshandlungen. Nach anfänglichen leichten körperlichen Berührungen an den Armen und der Schulter des Jungen führte der Pfarrer sodann dessen Hand in seinen Intimbereich und ließ sich wiederholt von MICHAEL manuell befriedigen. Dabei umarmte er auch den Jungen. Diese Situationskonstellation ergab sich in einem Zeitraum von sechs Monaten etwa 15 Mal. MICHAEL hatte aufgrund seiner Konstitution, seiner noch kindlichen Primärpersönlichkeit und seines Alters den ihn überrumpelnden Handlungen des Pfarrers nichts entgegenzusetzen. Da Absichtserklärungen und Handlungsaufforderungen von Autoritätspersonen für ihn unantastbar blieben, stellte er die Handlungen des Pfarrers zunächst kaum infrage. Auch die mit erhobenem Zeigefinger vorgetragene Anweisung, davon niemandem, auch nicht den Eltern, zu berichten, verfehlten somit zu keinem Zeitpunkt ihre Wirkung. Dennoch senkte sich eine nahezu alles abschirmende Glocke der Betäubung über den Jungen.

Die weitere Entwicklung des Jungen verlief zunächst unauffällig. Er wechselte nach der vierten Klasse der Grundschule auf das Gymnasium über und erbrachte mehr als zufriedenstellende Leistungen. Dann fiel den Geschwistern und den Eltern eine Persönlichkeitsveränderung des Jugendlichen auf. MICHAEL war nun 16 Jahre alt. MICHAEL begann sich zunehmend abzukapseln, zog sich von gemeinschaftlichen Aktivitäten der Familie zurück, entwickelte ein Einzelgängertum, vernachlässigte seine freundschaftlichen Kontakte und fiel dadurch auf, dass man ihn des Öfteren, in Tagträumereien versunken, in seinem Zimmer am Schreibtisch sitzend und unbeweglich aus dem Fenster schauend antraf. Die schulischen Leistungen verschlechterten sich rapide, eine Schulklasse musste wiederholt werden. Schließlich ging MICHAEL vom Gymnasium ab, schaffte auch die Realschule nicht und fand sich auf der Hauptschule wieder. Als er den Hauptschulabschluss erlangte, war er bereits in negativ einwirkende Kreise oder Peer-Groups geraten, die ihn vor allem wegen des dort praktizierten Drogenmissbrauchs anzogen. Die weiteren Bemühungen der Eltern blieben fruchtlos.

Zwischen dem 18. und 20. Lebensjahr hatte sich MICHAEL zu einer Persönlichkeit entwickelt, welcher in den folgenden Jahren ein langer Leidensweg bevorstand:

Nur noch wenige Tätigkeiten bereiteten ihm Freude. Er trat – für seine Umwelt deutlich sichtbar – mit einer ausnehmenden emotionalen Kühle, Distanziertheit und einem erheblich verflachten Gefühlsausdruck in Erscheinung. Ihm selbst war es nahezu unmöglich, warme oder zärtliche Gefühle für andere, aber auch keine Wut und keinen Ärger auszudrücken. Gegenüber den Einflussnahmen seiner Umwelt, seinen Bezugspersonen erschien er gleichgültig, auch indifferent und kaum beeinflussbar gegenüber Kritik und Lob von anderen.

Interesse an sexuellen Erfahrungen hatte er seit dem Eintritt in die Pubertät weder gezeigt noch angestrebt. Im Alter von 20 Jahren war es ihm nicht möglich, sich zu seiner sexuellen Orientierung eindeutig zu positionieren. Das Thema interessierte ihn einfach nicht.

MICHAEL bevorzugte ausnehmend Tätigkeiten und Aktivitäten, die er alleine durchführen konnte.

Dagegen fiel er auf durch eine übermäßige Fantasietätigkeit und blieb teils stundenweise in seine Fantasie – für andere unerreichbar – versponnen.

Das Beziehungsleben war vollkommen zum Erliegen gekommen, MICHAEL wünschte keine engen freundschaftlichen Beziehungen und konnte ebenso keine von Vertrauen geprägten Bindungen eingehen.

Dabei zeigte er – dabei eher unabsichtlich – ein mangelhaftes Gespür und ein Desinteresse an geltenden sozialen Normen und Regeln und Konventionen. Mit diesem Verhalten konfrontiert, gab er an, es interessiere ihn einfach nicht.

Zwei angefangene Berufsausbildungen, eine Banklehre sowie eine Lehre zum Mechatroniker, brach er jeweils nach wenigen Monaten aufgrund seines Desinteresses und seines Drogenkonsums ab. MICHAEL sank in einen Raum der Lebens- und Bewegungsunfähigkeit.

Nachdem er im Alter von 24 Jahren – immer noch im Haushalt der Eltern lebend, die für seine Entwicklung keinerlei Verständnis aufbrachten – versucht hatte, sich mit einem Messer die Pulsadern zu öffnen, wurde er erstmals in die ortsnahe psychiatrische Klinik eingewiesen, wo er sich mehrere Wochen aufhielt. Dieser klinische Aufenthalt bedeutete einen ersten Wendepunkt.

MICHAEL gelang es, auf Basis nicht unerheblichen und geduldigen Einsatzes der ihn behandelnden Therapeuten und Ärzte, sich erstmals umfassend zu öffnen. Wie ein Sturzbach brach es aus ihm heraus. Er konnte sich anvertrauen, und vor allem, seit Jahren erstmals wieder, unendlich weinen.

MICHAEL berichtete den sexuellen Missbrauch, von dem für ihn über Jahre nicht zu durchbrechenden Verbot des Pfarrers, Stillschweigen zu bewahren, von seiner Abkapselung gegenüber der Welt und seinen intensiven seelischen Leiden, die schließlich zu dem Entschluss geführt hatten, aus dem Leben zu gehen.

Die behandelnden Ärzte diagnostizierten bei MICHAEL eine akute Belastungsreaktion bei depressiver Episode schweren Ausmaßes und eine sogenannte schizoide Persönlichkeitsstörung (welche genau eben jene Persönlichkeitseigenschaften definiert, die MICHAEL seit seinem 14. Lebensjahr geprägt hatten).

Trotz dieser zunächst gewinnbringenden und zielführenden Erstbehandlung litt MICHAEL in den folgenden Jahren wiederholt unter schweren depressiven Episoden, anhaltenden Schlafstörungen, Angstgefühlen, zeitweise einsetzendem Drogenkonsum (zur Selbsttherapie, wie er sagte) und immer wieder lebensverneinenden Gedanken und Fantasien.

MICHAEL blieb jahrelang in eine ambulante, intensiv begleitende therapeutische Begleitung eingebunden, begab sich jährlich ein- bis zweimal in psychiatrische Abteilungen und bezog eine Erwerbsunfähigkeitsrente.

Nach Jahren des Kampfes, der Resignation, Auflehnung und der dennoch nie versiegenden Hoffnung konnte er ab dem 35. Lebensjahr eine gewisse Form der emotionalen Stabilität für sich gewinnen, eingebunden in eine Selbsthilfegruppe und eingebunden in ein Kontaktnetz mit von sexuellem Missbrauch im Kindesalter Betroffenen.

Immer wieder von seinem psychosozialen Umfeld dazu ermutigt, entschloss er sich schließlich, einen Nutzen aus dem therapeutisch aufgearbeiteten Missbrauchserlebnis zu ziehen und seine eigenen Erkenntnisse im kirchlichen Bereich einzubringen. Eine Konfrontation seines ehemaligen Pfarrers erachtete er als wenig sinnvoll, strafrechtlich konnte dieser nicht mehr belangt werden. So gliederte sich MICHAEL dem Betroffenenbeirat seiner Diözese an und sah in der persönlichen Mitwirkung in diesem Gremium seine nunmehrige Lebensaufgabe.

Die dort im Austausch mit gleichgesinnten Betroffenen erneut erfahrene Wucht der Dynamik seines eigenen Missbrauchserlebnisses führte bei MICHAEL – therapeutisch und psychiatrisch bewertet – zu einer Retraumatisierung, die ihn in eine weitere depressive Phase stürzte – und sodann in unsere Praxis zur stützenden Gesprächstherapie führte.

Erfahrungsbericht:

Therapeut: Hatten Sie eigentlich mit den Möglichkeiten einer psychischen Verschlechterung in diesem Ausmaß gerechnet, als Sie sich im Beirat zu Ihrem eigenen Missbrauch äußerten?

MICHAEL: Wissen Sie, ich war einfach erleichtert, dort integriert zu sein, irgendwo angekommen zu sein. Da macht man sich eher weniger Gedanken über Konsequenzen seiner Mitteilungen. Ich war einfach erleichtert, mich mitteilen zu können. Ich hatte meinen Missbrauch ja auch bereits in den Jahren zuvor in der Therapie bearbeitet und ging davon aus, jetzt ausreichend stabil zu sein. Ich habe mich auch völlig freiwillig mitgeteilt, es bestand kein Zwang oder so etwas, kein äußerer Druck. Ich wollte es einfach nochmals loswerden … alles.

Therapeut: *Wie hat sich daraufhin Ihr Gefühlsleben verändert? Geschah es unerwartet plötzlich oder kontinuierlich?*

MICHAEL: Es dauerte einige Tage. Ich saß dann in meinem Zimmer und wurde von den früheren Gefühlen einfach überflutet. Es brach wieder aus mir heraus und überzog mich erneut mit Grauen.

Therapeut: *Können und wollen Sie darüber berichten?*

MICHAEL: Nach Jahren der Therapie kann man das rascher und genauer benennen. Ich hatte Flashbacks. Ich durchlebte wiederum die Missbrauchssituation. Es war damals so, als legte sich über mich eine undurchdringbare Glocke des Entsetzens, des stummen Schreis, der Sprach- und Bewegungslosigkeit. Ich war nach den Missbrauchshandlungen so gelähmt, dass das Übergehen zur Tagesordnung die für mich einzig rettende Hilfsstruktur bedeutete. In den Tagen danach hatte ich sogar das Gefühl, als gehörte ich nicht mehr mir – als würde ich von meinem ICH enteignet. Die Psychiater sagten mir später, so etwas nenne man ICH-Störungen, das sei an der Grenze zur Psychose gewesen. Ich habe es über Jahre geschafft, diese Fassade noch einigermaßen aufrechtzuerhalten. Dann brach aber alles schrittweise zusammen, obwohl ich das noch einige Zeit über den Drogenkonsum vermeintlich aufhalten konnte. Aber das war natürlich auch keine Lösung.

Therapeut: *Welche Substanzen haben Sie denn damals konsumiert?*

MICHAEL: Hauptsächlich Cannabis, später auch Benzodiazepine, aber auch opioide Schmerzmittel, wie Tramal und Tilidin. Heroin habe ich aber nicht genommen.

Von den Schmerzmitteln und den Schlafmitteln bekam ich später auch Entzugszerscheinungen. Ich litt dann aber unter allen möglichen psychischen Symptomen, wie Schlafstörungen, Depressionen, Ängsten, Alpträumen, Flashbacks, suizidalen Gedanken und starken Stimmungsschwankungen.

Therapeut: Und jetzt kam es aktuell zur Reaktivierung dieser Symptome?

MICHAEL: Genau. Als sich das Gefühl der Glocke wieder über mich legte, wusste ich, es war wieder soweit. Aber ich hatte mir in den Jahren der vorausgehenden Therapie einige Mechanismen erarbeitet, um diesen Flashbacks begegnen zu können. Daher konnte ich jetzt die Situation besser beherrschen, hielt aber die Aufnahme einer therapeutischen Begleitung für sinnvoll.

Momentan leide ich unter Alpträumen, Schlafstörungen und depressiven Gedankenschleifen, die sich über mich legen. Aber meine Tagesstruktur kann ich einigermaßen aufrechterhalten.

Therapeut: Wie soll sich Ihre Arbeit im Beirat denn fortsetzen?

MICHAEL: Diese Tätigkeit will ich auf jeden Fall weiterverfolgen. Wahrscheinlich werde ich in die Aufarbeitungskommission der Diözese entsandt werden. Diese Tätigkeit wird für mich sehr wichtig werden, auch um innerlich mit den ganzen Missbrauchstaten besser zurechtzukommen, auch wenn ich diese sicherlich so schnell nicht werde abschließen können. Diese Struktur gibt mir aber das Gefühl, etwas Sinnvolles mit meiner Erfahrung bewirken zu können. Mein großes Ziel ist es, der Kirche wieder in die Augen blicken zu können.

Therapeut: Inwiefern?

MICHAEL: Ich möchte die Frage des Schuldkomplexes für mich klären. Missbrauch hat ja immer auch systemische Hintergründe, wobei im konkreten Fall natürlich einzelne Personen handeln. Aber diese sind in das System eingebunden. Es ist mir wichtig, an der Analyse dieser Hintergründe mitzuwirken. Wir benötigen ja auch präventive Strukturen. Prävention ist die einzige Möglichkeit, den Missbrauch zukünftig eindämmen zu können. Aber ich weiß auch, dass unsere Arbeit nur einen Tropfen auf dem heißen Stein darstellen wird. Hoffnung auf Besserung gibt es aber immer. Ich muss diese Arbeit tun, sonst bleibt alles sinnentleert und vergeblich.

Therapeut: Darf ich fragen, wie sieht es mit Wut- und Rachegefühlen aus?

MICHAEL: Ja, die gibt es reichlich. Aber nicht nur auf den Pfarrer, sondern auf die hierarchischen Strukturen der ganzen kirchlichen Machtapparate. Auch auf meine Eltern, die jahrelang gesehen haben, dass und wie ich mich veränderte, aber nichts hinterfragten, sondern lediglich tadelten und abwerteten. Mit Wut und Hass habe ich therapeutisch lange gearbeitet. Da kenne ich mich mittlerweile aus. Langfristig führt der Hass aber nicht zum Ziel. Wenn es mir gelänge, irgendwann einmal so etwas wie Vergebung empfinden zu können, wäre ich glücklich. Ob das so sein wird und wann, kann ich noch nicht beurteilen. Aber dieses Ziel bleibt meine Hoffnung.

Fluchträume IX – die Enteignung vom ICH

Ein Problem im Bereich des sogenannten Kinderschutzes ist es zum Teil immer noch, dass vielfältige Begriffe und unterschiedliche Terminologie, auch von unterschiedlichen Professionen, verwendet werden und es von daher sowohl in der wissenschaftlichen Aufarbeitung der Thematik als auch in der Praxis zu Unklarheit bzw. Verwirrung kommen kann. Begriffe wie Trauma, Missbrauch, Kindeswohlgefährdung oder „adverse childhood experiences" (ACE) sind nur einige Beispiele für vielfältige terminologische Unterschiede, die zwar alle mit dem Bereich der Kindeswohlgefährdung zu tun haben, aber doch zum Teil sehr Unterschiedliches meinen und in sehr unterschiedlichen Kontexten zur Verwendung kommen. Hinzu kommt auch, dass im juristischen Bereich dann nochmals andere Definitionen Verwendung finden, was immer dann eine Rolle spielen kann, wenn Kinderschutzverfahren strafrechtliche Relevanz erhalten.[36]

Hinsichtlich der Folgen von Kindeswohlgefährdung bzw. Kindesmissbrauch ist zunächst einmal zu unterscheiden zwischen körperlichen und psychischen Folgen sowie auch von kurzfristigen und langfristigen Folgen. Die körperlichen Folgen stellen dabei eher eine Domäne der Kinderheilkunde dar, insbesondere Folgen von körperlichen Misshandlungen zeigen sich in typischen Verletzungsmustern, wie etwa bei Verbrühungen oder Verbrennungen oder atypischen Mustern von Hämatomen aufgrund von Schlägen mit der Hand oder unter Anwendung von Gegenständen.[37]

Die psychosozialen Folgen von „ACE" sind für die Entwicklung von Kindern und Jugendlichen von besonderer Bedeutung und inzwischen aufgrund vielfältiger Studien auch hinreichend belegt. Menschen, die derartige schwere Missbrauchserfahrungen erlebt haben, besitzen ein deutlich erhöhtes Risiko, im Laufe ihres Lebens an psychischen Störungen zu leiden, wobei diese Störungen auch häufig früher als bei Nicht-Betroffenen auftreten und auch einen stärkeren Schweregrad bzw. eine stärkere Ausprägung aufweisen. Zudem besteht häufig eine viel höhere Komorbidität mit anderen Störungen und das Ansprechen auf Therapien ist bei diesen Betroffenen weitaus schlechter. Insofern bleibt es nicht verwunderlich, dass sich diese Folgen auch später im Erwachsenenalter noch zeigen, beispielsweise sodann in einer erhöhten Rate an depressiven Störungen, Angststörungen und Substanzmittelabusus. Eine skandinavische Studie belegte demzufolge, dass eine der psychosozialen Langzeitfolgen beispielsweise eine deutlich erhöhte Rate an Arbeitsunfähigkeit im mittleren Lebensalter darstellt.[38]

Eine typische kurzfristige Folge, insbesondere nach einmalig ablaufenden Traumata, wie einer schweren einmaligen Misshandlung oder einem Missbrauch, ist die sogenannte Posttraumatische Belastungsstörung.

Zu dieser Symptomatik gehören auch die typischen Phänomene, dass sich die Betroffenen nicht an konkrete oder wichtige Aspekte des Traumas erinnern können oder sich dabei entfremdet und losgelöst fühlen – so wie auch MICHAEL, der von einer „Enteignung des Ichs“ berichtet hatte. Es kann des Weiteren zu Ein- und Durchschlafstörungen kommen, zu Reizbarkeit, Konzentrationsschwierigkeiten sowie zu einer übermäßigen Wachsamkeit oder Schreckhaftigkeit. Gerade bei Kindern und Jugendlichen, die länger andauernden Missbrauchshandlungen – insbesondere auch in engem Vertrauensverhältnis – ausgesetzt sind, findet sich diese sehr stark abgegrenzte und eindeutige Symptomatik oft nicht mehr.

Die Ergebnisse des Forschungsprojektes *„Sexueller Missbrauch an Minderjährigen durch katholische Priester, Diakone und männliche Ordensangehörige im Bereich der Deutschen Bischofskonferenz“ – auch als MHG-Studie bezeichnet (abgeleitet aus den Anfangsbuchstaben der universitären Standorte des Forschungskonsortiums Mannheim-Heidelberg-Gießen)* haben sich seit der Veröffentlichung des Forschungsberichtes anlässlich der Herbsttagung der Deutschen Bischofskonferenz in Fulda am 26./27.09.18 als eine Art Konstante in der Debatte um die Aufklärungsaufarbeitung dieses die katholische Kirche tief erschütternden Themenkomplexes erwiesen.[39]

Die Missbrauchsdebatte hat seit der Veröffentlichung der Studienergebnisse einen Schub erhalten und lässt seitdem in ihrer Intensität nicht nach. Entsprechend häufig wird diese Studie zitiert.

Die MHG-Studie hatte entsprechend der Ausschreibung des Forschungsprojektes und des im Projektvertrag formulierten Auftrages zwei Hauptziele. Sie sollte einerseits Kennzahlen zum quantitativen Umfang des sexuellen Missbrauchs Minderjähriger in der katholischen Kirche erarbeiten und andererseits Strukturen und Dynamiken innerhalb der katholischen Kirche identifizieren, die entsprechende Tatvorgänge befördern oder begünstigen. Das Forschungsprojekt der Studie war von vornherein darauf angelegt, die Vielschichtigkeit der Problematik sowie alle wichtigen unterschiedlichen Gruppierungen und deren Perspektiven zu umfassen – soweit dies angesichts der Komplexität der Problematik überhaupt möglich ist.

Die Lage der Betroffenen wurde in der MHG-Studie mittels vieler unterschiedlicher Zugangswege untersucht und im Forschungsbericht sehr detailliert dargestellt. Dieser Umstand konnte bisher jedoch nicht entscheidend der Perspektivenverschiebung auf Täter und kirchliche Strukturen und der damit verbundenen fortgesetzten Marginalisierung der Betroffenenperspektive entgegenwirken.[40]

Im Rahmen des Bemühens, die individuelle Dauer von Missbrauchsgeschehen zu ermitteln, wurde in der Studie dokumentiert, dass bei insgesamt 2993 der insgesamt ermittelten 3677 Kinder und Jugendlichen – somit also bei 81,4% der Stichprobe – es möglich war, den Zeitraum zu ermitteln, während dem sie sexueller Gewalt durch katholische Kleriker ausgesetzt waren. Obgleich die Angaben über das jeweilige Jahr des Beginns und des Endes der Taten oftmals auf Schätzungen Betroffener oder der ursprünglichen Personalaktenführer beruhten, konnte aus den Angaben eine mittlere Dauer aller individuellen Missbrauchsverläufe von 1,3 Jahren berechnet werden. Diese Zahl unterschätzt die tatsächliche Dauer, da alle Verläufe, die kürzer als ein Jahr waren, sowie alle einmaligen, d. h. sich nicht wiederholenden Ereignisse, aus berechnungstechnischen Gründen mit dem Wert „Null“ in die Analyse eingingen. Der Anteil der Betroffenen, die eine einmalige Tat erlitten, lag zwischen einem Drittel und einem Viertel. Alle anderen waren wiederholtem Missbrauch ausgesetzt, im Mittel mehr als über ein Jahr hinweg. Die längste errechnete Periode des Missbrauchs eines einzelnen Betroffenen betrug 21 Jahre.

Die Autoren Salize und Dreßling argumentieren daher völlig zurecht, dass sich angesichts dieser Zahlen die hin und wieder geäußerte These, sexueller Missbrauch durch katholische Kleriker könne mehrheitlich als einmalige Durchbruchshandlung in besonders belastenden Situationen klassifiziert werden, kaum halten lasse.[41]

Die gesundheitlichen und sonstigen Folgen der Missbrauchserlebnisse waren in der Regel erheblich. Obwohl die Beeinträchtigung der Lebensführung Betroffener natürlich nicht zu den Informationen zählen, die systematisch oder standardisiert in den Personalakten von Tätern oder Beschuldigten erfasst werden, waren in diesen Unterlagen bei 1028 von 3677 Betroffenen (28,0%) Angaben über gesundheitliche Probleme zu finden, die auf die Missbrauchstaten der beschuldigten Kleriker zurückgeführt wurden. Bei der Mehrzahl der Betroffenen (72,0%) fehlten diesbezügliche Angaben, was aber aus genannten Gründen nicht als das Nichtvorhandensein entsprechender Probleme interpretiert werden darf.

In diesem Zusammenhang waren vor allem psychische Probleme auf vielschichtigen Ebenen, wie beispielsweise Angst, Depression, Schlafstörungen, Essstörungen, Suizidalität, selbstverletzendes Verhalten, Alkohol- und Drogenkonsum dominierend. Dieses Symptomspektrum möglicher psychischer Tatfolgen ist auch von sexuellen Missbrauchstaten in anderen als den kirchlichen Kontexten bekannt.

Bei mindestens 244 Betroffenen (6,6% aller Betroffenen bzw. 23,7% der Betroffenen mit Angaben zu gesundheitlichen Folgen) ergab eine entsprechende Clusterung der dokumentierten Symptome Hinweise auf das Vorliegen einer Posttraumatischen Belastungsstörung.

Insofern die Schwere der Tatfolgen beschrieben worden war, wurden diese in zwei Drittel der Fälle als schwerwiegend beurteilt. Bei mindestens 159 der Betroffenen (4,3%) war belegt, dass sie sich aufgrund der Tatfolgen zu irgendeinem Zeitpunkt in körpermedizinischer Behandlung und bei mindestens 626 Betroffenen (17,0%) in psychiatrischer oder psychotherapeutischer Behandlung befanden.

Salize und Dreßing kamen auch zu den Feststellungen, dass die meisten in der MHG-Studie angeführten Tatfolgen sich nicht grundsätzlich von den Tatfolgen bei sexuellem Missbrauch in anderen gesellschaftlichen Bereichen unterschieden. Als Besonderheit der Folgen eines sexuellen Missbrauchs durch Kleriker finde sich jedoch ein konfliktbehaftetes Erleben im Bereich des Glaubens und der Spiritualität der Betroffenen. Bei sexuellem Missbrauch eines Minderjährigen durch eine Person, welcher qua Amt in der Glaubensvermittlung eine herausragende Bedeutung zukomme, werde nicht nur die körperliche und emotionale Integrität durch die Missbrauchshandlung zerstört, sondern auch die spirituelle Identität. Individuelle Reaktionen von Betroffenen könnten dabei von generellem Glaubensabfall, der Abwendung von der Kirche, dem Kirchenaustritt bis zum körperlichen Ekel gegenüber Kirchenvertretern generell reichen. Kirchenaustritte aufgrund der Taten waren bei 144 Betroffenen (3,9%) dokumentiert. Es bestehe vermutlich nur geringe Neigung, solche Probleme bei Betroffenen in den Personalakten der Beschuldigten zu dokumentieren, da dies das Selbstverständnis des kirchlichen Auftrages massiv hinterfrage.[42]

DIE GETRENNTEN – Manipulation eines Versprechens?

KASUISTIK 10:

KATHARINA (51 Jahre)

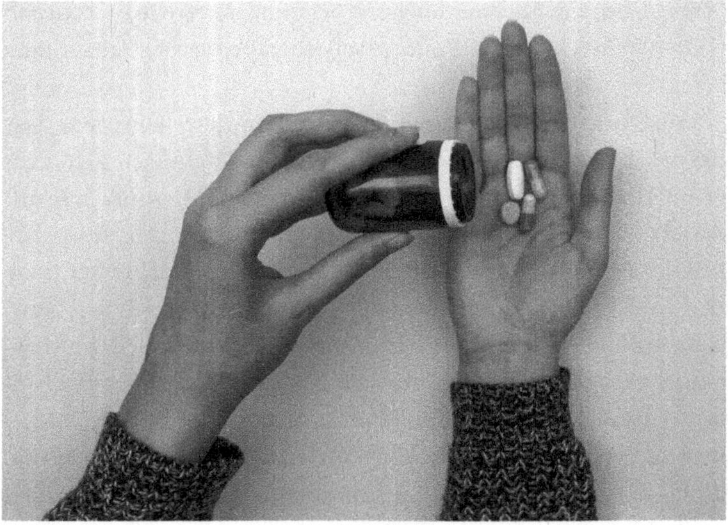

Anamnese:

KATHARINA wurde im Jahr 1971 in eine kinderreiche Familie geboren. Sie hat jeweils zwei ältere sowie zwei jüngere Schwestern. Die Herkunftsfamilie von KATHARINA war derart musikalisch, dass nicht nur ihre Eltern, sondern auch sämtliche Kinder – auch sie selbst – den Musikberuf hauptamtlich ergriffen. Drei der fünf Schwestern ließen sich zu Kirchenmusikerinnen ausbilden. Auch KATHARINA begann nach dem Abitur ihr Studium an einer deutschen Kirchenmusikschule. Die begabte Musikerin schloss das Studium regelgerecht ab, bestand ihr sogenanntes A-Examen und wurde nachfolgend, fast übergangslos, in der Diözese ihrer Wahl als

Organistin und Chorleiterin angestellt – sie hatte ihr Traumziel dank ihres Traumberufes sehr schnell erreicht.

Noch während ihres Studiums lernte sie ihren späteren Ehemann kennen, welcher als Orchestermusiker eines städtischen Theaterorchesters arbeitete.

Nach der standesamtlichen Eheschließung wurde die kirchliche Eheschließung unter großer Anteilnahme zahlreicher Musikfreunde und musikalischer Freundeskreise unter großem inszenatorischem Aufwand begangen. Beide galten als „Traumpaar" der Musikszene.

Als Regionalkantorin war KATHARINA Angestellte der Katholischen Kirche, ihr Ehemann Angestellter der Städtischen Bühnen. In rascher Abfolge wurden wiederum drei Töchter geboren. Die Eltern teilten sich die Erziehung der Kinder, um beide den Anforderungen ihrer anspruchsvollen Tätigkeit im Musikleben gerecht werden zu können. Auf dieser Basis begannen nach der Geburt der dritten und jüngsten Tochter ernstliche Differenzen das eheliche Verhältnis beider Ehepartner erheblich zu belasten. Man beschritt gemeinsam eine Ehetherapie, die zu keinen spürbaren Verbesserungen führte. Zum Zeitpunkt der Einschulung der jüngsten Tochter hatte sich das Paar endgültig voneinander entfremdet und KATHARINAS Ehemann schlug eine räumliche Trennung vor. Nach einem Jahr der räumlichen Trennung reichte er den Scheidungsantrag ein. Die Ehe wurde geschieden, als die jüngste Tochter acht Jahre alt war.

Etwa 18 Monate später lernte KATHARINA wiederum einen nahezu gleichaltrigen Musiker kennen, welcher schließlich in ihr Haus einzog. Diese Situationskonstellation gestaltete sich für KATHARINA, zumindest hinsichtlich ihrer Außenwirkung, deutlich kompliziert. Als getrennt lebende Ex-Ehefrau ging sie nicht mehr zu den Sakramenten, die Spaltung ihrer Familie war in Gemeindekreisen und auch überregional bekannt geworden. Die Familie war bereits Gegenstand der in diesem Zusammenhang üblichen Gemeindegespräche. Nachdem ihr der neue Partner die Ehe antrug, war KATHARINA mit dieser Situation zunächst überfordert. Als Angestellte der Katholischen Kirche war es ihr verwehrt, auch unter Berücksichtigung ihrer herausgehobenen Stelle als Kirchenmusikerin, sich wieder zu verheiraten.

KATHARINA fürchtete die öffentliche Wirkung dieser Entscheidung – auch die damit verbundenen möglichen arbeitsrechtlichen Konsequenzen.

Eine Musikerkollegin wies sie auf die Möglichkeit der Annullierung ihrer ersten Ehe hin. Sie wandte sich an das zuständige Kirchengericht der Diözese (Offizialat) und ließ sich hinsichtlich der Annullierungsmöglichkeiten beraten.

Dort erfuhr sie, dass auch psychische Gründe zur Annullierung einer sodann eventuell ungültig geschlossenen Ehe führen können. Man erklärte ihr, dass das Kirchenrecht Möglichkeiten habe, aus Gründen psychischer Natur entweder eine Eheschließungsunfähigkeit oder eine derart belegte Eheführungsunfähigkeit festzustellen, die rückwirkend eine Ehe für ungültig erklären könnten.

Relativ rasch entschloss sich KATHARINA zu diesem Schritt und bemühte sich, zu beweisen, dass ihr früherer Ehemann aus Gründen psychischer Natur nicht imstande gewesen sei, wesentliche eheliche Verpflichtungen zu übernehmen (Eheführungsunfähigkeit). Da ihr Ex-Ehemann jedoch nicht bereit war, an dem Eheannullierungsverfahren mitzuwirken, die für diese Prozessfrage bemühten Zeugen nichts über eine psychische Beeinträchtigung des Ehemannes zum Zeitpunkt der Eheschließung aussagen konnten und wollten, war die Beweislage nicht ausreichend, um eine Annullierung der Ehe erreichen zu können.

Nunmehr beschloss KATHARINA, welche nicht davon abgehalten werden konnte, ihr Ziel weiter hartnäckig zu verfolgen, die bei dem Kirchengericht geführte Prozessfrage auf den Sachverhalt zu erweitern, dass sie selbst zum Zeitpunkt der Eheschließung aus Gründen psychischer Natur nicht imstande gewesen sei, wesentliche eheliche Verpflichtungen zu übernehmen. Sie begann, Zeugen für diese Behauptung zu suchen, welche bereit waren, bei dem Kirchengericht auszusagen.

Nur, KATHARINA hatte sich zum Zeitpunkt ihrer Eheschließung, und auch davor, nie in psychologischer oder psychiatrischer Behandlung befunden. Die von ihr behauptete schwere depressive Erkrankung und Angststörung konnte ärztlich und therapeutisch nicht belegt werden. Im Übrigen war KATHARINA in ihrer Jugend, während ihres Studiums und auch um die Zeit ihrer Hochzeit als äußerst lebenszugewandte und humorige junge Frau in Erscheinung getreten, welche das Leben mutig, ohne Ängste und zukunftsorientiert in die Hände nahm.

Zudem musste sie sich gemäß den kirchenrechtlichen Vorgaben – zur psychiatrischen Absicherung der von ihr behaupteten Prozessfrage – einem fachpsychiatrischen Gutachten unterziehen.

Dieses erste Gutachtengespräch in unserer Praxis verlief in seinem Ergebnis, wie es verlaufen musste. Es ergaben sich aus gutachterlicher Sicht keinerlei Hinweise auf eine bei KATHARINA vorliegende akute oder chronische psychische Störung, weder zum Untersuchungszeitpunkt, noch rückblickend für den Zeitpunkt der Eheschließung.

In unserer Praxis erschien eine psychisch stabile und vollkommen gesunde Frau, emotional stabil, gut schwingungsfähig und deutlich lebenszugewandt. KATHARINA erweckte eher den Eindruck, als sei sie auf Basis ihrer Konstitution dazu in der Lage, noch jede Lebenskrise zu bewältigen.

Als KATHARINA das Ergebnis der gutachterlichen Untersuchung mitgeteilt wurde, schien sie am Boden zerstört und brach in Tränen aus. Mit Nachdruck versuchte sie nun den Gutachter davon zu überzeugen, zum Zeitpunkt der Eheschließung psychisch schwer beeinträchtigt gewesen zu sein – was aber auf Basis der zur Verfügung gestellten Dokumente und anhand von Zeugenaussagen weder bewiesen, noch ohne vernünftige Zweifel angenommen werden konnte. Es ergaben sich einfach keinerlei Anknüpfungstatsachen für diese Hypothese. Zumal KATHARINA nachweislich auch dazu in der Lage gewesen war, nach ihrer Hochzeit in rascher Abfolge drei Töchter zu bekommen, diese weitgehend selbst zu erziehen (nachdem sich der Ex-Ehemann rasch dieser Aufgabe entledigt hatte) und auch nach der räumlichen Trennung von ihrem früheren Ehemann sich sowohl um die Kinder zu kümmern als auch ihren Beruf weiter verantwortungsvoll auszuüben.

Die gesamte Konstellation konnte somit aus psychiatrischer Sicht nicht mit einem psychischen Zustand in Einklang gebracht werden, welcher zum Zeitpunkt ihrer Eheschließung deren Gültigkeit aus psychischen Gründen verhindert hätte.

Das Verfahren wurde schließlich mit dem Ergebnis geschlossen, dass „eben nicht feststehe", dass KATHARINA aus Gründen psychischer Natur nicht imstande gewesen sei, wesentliche eheliche Verpflichtungen zu übernehmen.

Da KATHARINA somit keine weitere Möglichkeit mehr erkennen konnte, ihre Ehe annullieren zu lassen, konnte sie ihren neuen Partner nicht mehr zeitnah ehelichen, letztlich auch, um weitere arbeitsrechtliche Schritte abzuwenden, die eine Wiederverheiratung bedeutet hätten.

Auf Basis der Vergegenwärtigung dieser Entwicklungen fiel KATHARINA sodann tatsächlich in eine depressive Episode, sah sich von ihrem ersten Ehemann um ihr Lebensglück betrogen, gab das Orgelspiel vorübergehend auf und nahm eine mehrwöchige Auszeit.

Dann meldete sie sich in unserer Praxis und bat um ein weiteres Gespräch mit dem Gutachter, um, wie sie ausführte, zumindest einen Teil ihrer Stabilität wiedererlangen zu können.

Im Rahmen dieses Gespräches brachen dann bei KATHARINA „alle Dämme". Sie konnte sich nunmehr mitteilen und konnte den seelischen Druck zur Darstellung bringen, unter welchem sie die zurückliegenden acht Monate gestanden hatte.

Erfahrungsbericht:

Gutachter: Ich bin zunächst überrascht, dass Sie sich nach Abschluss des Verfahrens erneut hier einfinden.

KATHARINA: Ich fühlte mich gedrängt, nochmals vorbeizukommen. Ich muss einiges klarstellen. Ich bin damals, kurz bevor ich das erste Mal zu Ihnen kam, in eine Druckschleife geraten. Ich war und bin eine überregional bekannte Organistin. Jeder in meinem Umfeld weiß natürlich, dass ich bei der Katholischen Kirche angestellt bin. Sie ist meine Arbeitgeberin. Da war und bin ich erheblichen Zwängen unterworfen. Ich wollte nicht anerkennen, dass mir sowohl mein Arbeitgeber als auch das Kirchenrecht mir verwehren wollen, wieder glücklich zu werden.

Gutachter: *Wollen Sie das näher erläutern?*

KATHARINA: Ich sah nicht ein, warum ich mich aufgrund einer unverschuldeten Trennung durch meinen ersten Ehepartner nicht mehr würde binden können. Mein neuer Partner lebte bereits bei mir im Haus, ich musste diese Beziehung langfristig auf eine kirchenrechtlich stabile Grundlage bringen. Die Gegebenheiten sind nun mal so, dass ich im Falle einer Wiederverheiratung meine erste Ehe für ungültig erklären lassen muss. Ich habe dann eine doppelte Konfliktlage verspürt. Ich musste also nach Annullierungsgründen suchen, um eine Ehe für ungültig zu erklären, die aller Wahrscheinlichkeit aber gültig geschlossen wurde.

Gutachter: *Sie meinen, Sie haben nach Gründen psychischer Natur gesucht, die es gar nicht gab?*

KATHARINA: So könnte man es formulieren. Mein Ex-Ehemann war zwar auch früher schon immer mal wieder leicht kränkbar, aber sicherlich nicht psychisch krank und daher auch nicht eheführungsunfähig.

Gutachter: *Und Sie selbst wohl auch nicht, wie wir ja bereits feststellen konnten.*

KATHARINA: So ist es wohl. Ich habe mich da in etwas verrannt, ich wollte einfach kirchenrechtlich korrekt bleiben, ich wollte die erste Ehe annullieren lassen, um im kirchlichen Sinne sauber zu bleiben. Das war mein Ziel, ich ließ mich über Monate nicht davon abbringen. Es ist sehr peinlich. Vor allem gegenüber den Menschen, die ich als Zeugen gewinnen wollte. Die haben zwar dann auch mitgemacht, aber natürlich nicht etwas behaupten können, was es gar nicht gab.

Die Kirche hatte mich aber total im Griff. Ich war „denen" ausgeliefert. Ich ging einfach immer weiter, ohne zu sehen, was ich tat. Ich war bereit zu lügen, mich selbst ins Unglück zu stürzen, nur damit alles kirchenrechtlich seinen korrekten Weg ginge. Wissen Sie, was das für ein Druck ist?

Gutachter: Ich kann es mir sehr gut veranschaulichen und mit zahlreichen vergleichbaren Fällen in Einklang bringen.

KATHARINA: Ich war also bereit, Ihnen eine Geschichte zu erzählen, die es nicht gab. Das hat nicht funktioniert. Ich bin mit diesem Ansinnen restlos gescheitert. Ich schäme mich dafür, verspüre aber eine ohnmächtige Wut.

Gutachter: Worauf bezieht sich die Wut aktuell?

KATHARINA: Auf mich selbst, auf meinen Ex-Ehemann, im Wesentlichen aber auf die kirchlichen Strukturen. Es ist beschämend, dass man in solche kirchenrechtliche Vorgänge hineingezwängt wird, ohne einen Ausweg zu haben. Die Kirchengerichte verfolgen ohne Kompromisse ihre Linie. Es gibt gar keine Lösungen und Auswege für Geschiedene, die sich neu binden wollen. Wir werden einfach mit unserer Situation alleine gelassen. Hätte man andere Lösungen, müsste man nicht diesen beschämenden und auch völlig sinnlosen Weg beschreiten. Überlegen Sie mal, ich war dazu bereit, mein früheres Eheversprechen gegenüber meinem Ex-Ehemann zu verraten. Und so fühle ich mich jetzt auch, als Verräterin.

Gutachter: Wie gestaltete sich für Sie die Zwischenzeit seit der ersten Untersuchung?

KATHARINA: Nachdem ich mir sämtlicher Vorgänge und deren Verlogenheit bewusst geworden war, habe ich mich bei den betreffenden Personen entschuldigt, dann bin ich in ein depressives Loch gefallen. Ich wurde wirklich depressiv. Ich nahm ein Antidepressivum, konnte keine Musik mehr spielen, meldete mich über Wochen krank und zog mich zurück. Glücklicherweise ließ mich mein Partner nicht im Stich, er hielt zu mir und half mir, die Dinge neu zu regeln. Das hat mich sehr beeindruckt. Aber ich bin noch nicht gänzlich gesundet. Ich bin noch geschockt, dass ich mich auf so etwas einlassen konnte, dass ich nicht den Mut hatte, gegen diese kirchlichen Strukturen zu rebellieren. Das wäre wahrhaftiger gewesen.

Gutachter: *Wie werden Sie Ihre Zukunft gestalten, gemeinsam?*

KATHARINA: Wir werden sicherlich weiter zusammenbleiben. Wir haben unsere Heiratspläne nicht aufgegeben, ich glaube, ich werde diesen Schritt gehen. Ich bin jetzt soweit gereift, dass ich mich zu einer anderen, für mich besseren Entscheidung durchringen kann. Ich werde wohl ein zweites Mal heiraten und lasse mich nicht von einengenden, rigiden und gleichgültigen Bedingungen der Kirche beeinflussen. Wenn man meint, auf meine kirchenmusikalischen Dienste verzichten zu können, dann kehre ich eben der Kirche den Rücken. Sollten tatsächlich arbeitsrechtliche Konsequenzen ergriffen werden, trete ich aus der Katholische Kirche aus und zum protestantischen Glauben über. Meine Kinder finden das folgerichtig, mein Partner ist ohnehin evangelisch getauft. Zu den Sakramenten werde ich wieder gehen, es kümmert mich einfach nicht mehr. Es ist schlimm genug, sehr schlimm, zu welchen Handlungen man sich durch diese Gegebenheiten hinreißen lässt, sogar zur Verleumdung und zur Lüge. Das muss aufhören.

Gutachter: *Ihre Entscheidung ist sehr mutig, sie ist aber der bessere und wahrhaftigere Weg. So können Sie zu sich selbst stehen.*

KATHARINA: Es bleibt aber letztlich die Frage, wieso die Kirche keine Lösungen hat für diese schwierigen und existenziellen

Lebensfragen. Ist man geschieden, ist man raus aus dem System. Dafür ist keine Lösung vorgesehen. Nicht jeder ehemalige Ehepartner ist zu gleichen Teilen an einer Trennung beteiligt. Diesem Umstand muss zukünftig Rechnung getragen werden. Es gibt so viele unglücklich Geschiedene, die sich wiederverheiraten wollen, ohne kirchlichen Ausweg und Ansatz, sich diesem Problem stellen zu wollen. Aber ich werde meinen Weg gehen, wie bisher auch.

Fluchträume X – Pathologisierung der Ehe?

Das Beispiel von KATHARINA stellt keinen Einzelfall dar. In den zurückliegenden 20 Jahren meiner gutachterlichen Tätigkeit im Auftrag der Offizialate (Kirchengerichte) im Rahmen von laufenden Eheverfahren traf ich auf zahlreiche ehemalige Ehepartner, die meine Praxis aufsuchten, jeweils in der Hoffnung, sich selbst ausreichende Gründe psychischer Natur bestätigen lassen zu können, die zur Annullierung ihrer Ehe führen könnten.

In den wenigsten Fällen, und das ist die eigentlich bemerkenswerte Feststellung im Rahmen meiner gutachterlichen Tätigkeit – in den wenigsten Fällen glaubten die Betroffenen tatsächlich an die Ungültigkeit ihrer vormals geschlossenen Ehe. Den meisten Betroffenen kam es lediglich darauf an, ihre zeugenschaftlich zusammengetragenen vermeintlichen Beweise psychisch bedingter Eheführungs- oder Eheschließungsunfähigkeit gutachterlich fundieren und bestätigen zu lassen.

Wiederholte Nachfragen an die hier vorstelligen Ehepartner, inwiefern sie von der Ungültigkeit ihrer vormals geschlossenen Ehe überzeugt seien, wurden sehr nachdenklich, oftmals überhaupt nicht konkret beantwortet. Nicht wenige Betroffene brachen dabei – ähnlich wie KATHARINA – in Tränen aus und fühlten sich sehr schlecht mit dem Umstand, den ehemaligen Ehepartner – oder aber eben sich selbst – mit einer psychischen Störung belegen zu müssen.

Die wenigsten Betroffenen wählten also diesen Weg, weil sie tatsächlich von einer manifesten Ungültigkeit ihrer Ehe überzeugt waren. Die meisten Menschen, die diesen Weg gingen, beabsichtigten, zum zweiten Mal zu heiraten, standen in Diensten der Kirche und suchten nach Auswegen, arbeitsrechtliche Bedingungen und Bindungswunsch miteinander vereinbaren zu können.

Das Kirchenrecht sieht nach can. 1095 n. 3 CIC (Kanonische Rechtsform) vor, dass Betroffene aus Gründen psychischer Natur nicht dazu imstande gewesen sein könnten, wesentliche eheliche Verpflichtungen zu übernehmen.

Ebenso sieht das Kanonische Recht nach can. 1095 n. 2 CIC vor, dass Betroffene aus Gründen psychischer Natur an einem schweren Mangel an Urteilsvermögen über wesentliche, gegenseitig zu übertragene eheliche Rechte und Pflichten gelitten haben könnten.

Insofern das Kirchengericht anhand eigener Urteilsbildung auf Basis zeugenschaftlicher Angaben und auf Basis eines diese Feststellungen fachpsychiatrisch untermauernden Gutachtens zu der Ansicht und dem Schluss gelangt, „dass es feststehe", ist eine Annullierung der vormals geschlossenen Ehe im Sinne der Feststellung von Eheführungs- oder Eheschließungsunfähigkeit möglich.

Natürlich gibt es zahlreiche Konstellationen, die diese Voraussetzungen auch tatsächlich auf Basis belegbarer Anknüpfungstatsachen belegen. Die Motivlage bleibt aber – wie zur Darstellung gelangt – in vielen Fällen eine davon abweichende Haltung der Betroffenen.

Mit anderen Worten – auf Basis langjähriger gutachterlicher Tätigkeit in diesem Sektor – lassen sich zahlreiche vergleichbare Fallstudien belegen, in welchen auf der Grundlage eines nahezu „manipulierten" früheren Eheversprechens bzw. auf Grundlage einer Verleumdung der Situation zum Zeitpunkt der Eheschließung eine Eheannullierung angestrebt wird, obwohl die eigentliche Motivlage der Prozessführer die Gültigkeit ihrer vormals geschlossenen Ehe nicht per se tatsächlich infrage stellt.

Aus gutachterlicher Perspektive entsteht diesbezüglich der Eindruck, als würde ein Eheversprechen oder ein eheliches Verhältnis tatsächlich retrospektiv pathologisiert.

Dieser Umstand weist auf Situationskonstellationen hin, mit denen Betroffene, die sich der Kirche verbunden fühlen oder in ihren Diensten stehen, sehr einsam und zurückgelassen fühlen.

Ungelöste existenzielle Konstellationen, die keine Lösung eröffnen, sind Einfallstore für akute oder chronische Belastungssituationen und weitere psychoreaktive Störungen, die nicht selten in chronisch-depressive Veränderungen einmünden.

DIE BEGLEITETEN – indoktrinierte Orientierungssuche?

KASUISTIK 11:

GERHARD (34 Jahre)

Anamnese:

GERHARD suchte Zeit seines Lebens nach Orientierung, nach Begleitung, nach einem sicheren Hafen, in dem er sich spirituell aufgehoben fühlen konnte. Er ließ sich dabei in seinen Sehnsüchten und seinen Wünschen von anderen leiten, eigene Impulse nahm er nur unterschwellig wahr. So war es eigentlich schon immer gewesen, im Beruf, im Freundeskreis, in der Gemeinde, im elterlichen Haushalt. GERHARD war ein Mensch, der in abhängigen Strukturen lebte. Er besaß wenig Selbstbewusstsein, fand sich selbst unattraktiv und bewegte sich einzelgängerisch durch die Welt.

In seiner Herkunftsfamilie war er stets „der Kleine", das Kind. Die beiden älteren Brüder waren ihm um sieben und neun Jahre voraus. Zur Mutter fand er über viele Jahren ein durch Überbehütung und Anhänglichkeit geprägtes Verhältnis. Die mütterliche Beziehung war von gegenseitiger Abhängigkeit gekennzeichnet.

GERHARD erreichte den Hauptschulabschluss und begann dann eine Lehre zum Industriemechaniker, die er planmäßig nach drei Jahren abschloss. Von seinem Lehrbetrieb wurde er übernommen. Er erledigte, was man ihm aufgab. Eigene Akzente setzte er nie. Es reichte ihm völlig aus, vorgegebene Aufgaben umzusetzen. Es war nicht seine Sache, Risiken einzugehen.

Zu gleichgesinnten Glaubensgenossen und gleichaltrigen Jugendlichen in seiner Pfarrgemeinde fand er zwar Anschluss, blieb aber stets Mitläufer, unscheinbar, im Hintergrund stehend, unauffällig.

Im Alter von 24 Jahren ging er eine Beziehung zu einer 23-Jährigen ein. Auch in dieser Partnerschaft ordnete er sich weitestgehend unter, passte sich an und trug wenig zu deren Gestaltung bei.

In seinem 27. Lebensjahr kam es zu einer ersten Lebenskrise. Die Freundin kündigte die Partnerschaft auf, der Vater verstarb plötzlich und die Firma, bei welcher er immer noch angestellt war, meldete Konkurs an – GERHARD war nun arbeits- und beziehungslos. Er bekam Probleme, seine Miete pünktlich zu entrichten und sein Leben zu ordnen.

Zu diesem Zeitpunkt fiel er auch in eine länger anhaltende Glaubenskrise. GERHARD fragte sich, was ihn eigentlich im Leben trage und welche Ziele er noch verfolgen solle. Er suchte das Gespräch mit seinem Gemeindepfarrer, dieser riet ihm zur Aufnahme einer Geistlichen Begleitung. Wie gewohnt, ließ sich GERHARD von den Wegweisungen anderer leiten. Er hinterfragte wenig und kam tatsächlich den Impulsen des Pfarrers nach.

So blieb er auch bei dem ersten Geistlichen Begleiter, welcher sich ihm anbot. Es kam, was schließlich eintreten musste. Das Begleitungsverhältnis war von Beginn an sehr ungleich ausgeprägt. GERHARD überließ seinem Begleiter die uneingeschränkte Initiative, er lieferte sich aus, er begab sich in ein Abhängigkeitsverhältnis und gab seine Identität preis – so, wie er es schon immer gewohnt war.

Die Entwicklung ging schleichend vonstatten. Der Geistliche Begleiter, Funktionsträger einer mitgliederstarken Geistlichen Bewegung, verfolgte dabei nur ein Ziel, nämlich GERHARD für die Bewegung zu gewinnen, ihn einzugliedern, und zwar bedingungslos.

GERHARD erkannte zu keinem Zeitpunkt die missbräuchliche Entwicklung, die ungleiche Verteilung von Macht und Einfluss über und auf seine Persönlichkeit, das eigentlich von Anfang an bestehende Abhängigkeitsverhältnis.

Geschickt und gezielt lenkte der Geistliche Begleiter die Themenführung, agierte über die Schulkomplexe des Begleiteten, arbeitete mit Gottesbildern, mit Sühne und Erlösung und missbrauchte die demütige und opferbereite Grundhaltung GERHARDS.

Nach wenigen Wochen nahm GERHARD bereits erstmals an Veranstaltungen der ihm charismatisch erscheinenden Glaubensbewegung teil. Er fühlte sich aufgehoben und integriert. War es nicht das, was er sich schon immer gewünscht hatte? Die Persönlichkeit GERHARDS verschwand schließlich hinter der Fassade der Glaubenserweckung. Willig ließ er sich für die Ziele der Bewegung einspannen, übernahm einfache Aufgaben und stellte sich vollständig in den Dienst dieser Bewegung. Sein Mentor, der ja eigentlich sein Geistlicher Begleiter war, wachte über ihn und formte ihn nach Maßgabe der Statuten. Die regelmäßig weitergeführten Gespräche waren nur noch Makulatur. GERHARD war gewonnen, das war die Hauptsache, das Ziel des Begleiters war erreicht.

Was wurde aus GERHARD? GERHARD begann sich zu verändern. Viel zu spät registrierte er seine Persönlichkeitsveränderung. Er kannte sich selbst kaum noch. Der Antrieb ging schrittweise aus ihm heraus, Lebensfreude empfand er nicht mehr, er fühlte sich ausgenutzt, besaß aber keinerlei Gegenkräfte, um sich der Einflussnahme der Bewegung zu entziehen. Glaubte er eigentlich an die Ideale, wie er das Woche für Woche nach innen und außen vertrat? War er noch er selbst? Hatte er noch ein Privatleben? Gab es eigentlich noch Alternativen jenseits der Statuten? GERHARD lief einfach weiter mit. Kraft zum Aussteigen war ihm nicht gegeben. Somit floh er in seine Innenräume, er schränkte seine äußere Wahrnehmung ein und wurde schließlich depressiv. Seine Familienangehörigen erkannten ihn kaum wieder. Er vernachlässigte seinen Alltag, kündigte seine sozialen Kontakte auf und zog sich auf sein Zimmer zurück. Mittlerweile war er im Elternhaus wieder eingezogen.

In einem Stadium völliger Antriebslosigkeit stimmte er dennoch einer psychiatrischen Behandlung zu. Nach seiner dreiwöchigen Behandlung in einer Klinik stellte er sich in unserer Praxis vor und sprach über die hinter ihm liegende verhängnisvolle Entwicklung. In der psychiatrischen Klinik hatten ihm die behandelnden Ärzte eine unsicher-abhängige Persönlichkeitsstörung attestiert, neben einer schweren depressiven Episode und einer akuten Belastungsreaktion.

Erfahrungsbericht:

Therapeut: Können Sie aktuell besser erkennen, welche Umstände Sie in die Depression führten?

GERHARD: Ich folgte letztlich immer demselben Muster. Ich ging die Wege, die andere mir bereiteten. Ich war entscheidungsschwach, hatte keinen Mut und passte mich überall an. Das wurde mir zum Verhängnis. Hinzu kam, dass ich mich in einer inneren Lebenskrise befand, als ich die Geistliche Begleitung aufnahm. Es war kein günstiger Zeitpunkt, solch eine Maßnahme zu ergreifen. Meine Situation wurde aber weder von meinem Gemeindepfarrer erkannt, noch von meinem Geistlichen Begleiter thematisiert. Ich glaube heute, der Begleiter suchte Menschen wie mich. Es ging ihm nicht wirklich um den Prozess der Begleitung, er verfolgte das Ziel der Mitgliedergewinnung. Das habe ich in dieser Situation nicht gesehen. Es war verantwortungslos. Eine Geistliche Begleitung, die auf dieser Basis aufbaut, ist keine Begleitung.

Therapeut: *Wie würden Sie heute bewerten, was in der „Begleitung" tatsächlich ablief?*

GERHARD: Es war ein ungleiches Verhältnis, von Anfang an. Ich war suchend, der Begleiter hatte die Macht. Ich hing an seinen Lippen, ich habe alles umgesetzt, was mir vorgegeben wurde. Ich habe während der Begleitung eigentlich genau das getan, was mir in meinem bisherigen Leben als folgerichtig erschien. Ich habe mich nur angepasst, ich war biegsam und habe meine eigene Persönlichkeit überhaupt nicht zur Geltung gebracht. Das wurde ausgenutzt, und zwar schamlos. Eine zielführende Geistliche Begleitung läuft normalerweise nach anderen Maßstäben ab. Unter diesen Umständen hätte mich der Begleiter auf meine existenzielle Sinnkrise hinweisen müssen. Hier wäre eine Unterbrechung angezeigt gewesen, aber keine Vereinnahmung, wie ich sie erfahren habe. Es war natürlich sehr bequem, nichts zu hinterfragen. Der Begleiter erkannte sehr genau, wie er mich beeinflussen konnte, um mich für die Ziele der Bewegung einsetzen zu können. Ich würde jetzt noch nicht gerade von Gehirnwäsche sprechen, aber ich war sicherlich auf dem Weg dorthin.

Therapeut: *Und trotzdem waren Sie dann irgendwann dazu in der Lage, Ihre Situation zu erkennen?*

GERHARD: So kann man das nicht bezeichnen. Ich merkte nach Monaten der Vereinnahmung, dass ich mich selbst immer mehr verlor. Ich war nicht mehr ich selbst. Ich hatte meine Identität preisgegeben, man bediente sich meiner einfach. Ich zog mich dann immer mehr zurück, als ich registrierte, dass die Situation nicht mehr passte, es musste etwas geschehen – ich war aber nicht in der Lage zu erkennen, was der nächste sinnvolle Schritt gewesen wäre. Somit ging ich nach innen. Mittlerweile hatte ich mein früheres Zimmer in meinem Elternhaus wieder bezogen. Dorthin zog ich mich zurück. Meine Mutter nahm es dankbar an, nachdem der Vater ja verstorben war. Ich hatte das Glück, dass sie mich schließlich davon überzeugte, mich in Behandlung begeben zu müssen.

Dort wurden mir dann die Augen geöffnet. Anfänglich habe ich alles abgewehrt, was mit Selbsterkenntnis zu tun hatte. Dann habe ich mich auf die Klärung eingelassen. Jetzt bin ich erleichtert, dass ich wieder einigermaßen selbst Entscheidungen treffen kann. Aber meine Neigung dahingehend, andere für mich entscheiden zu lassen, ist natürlich noch vorhanden und deutlich spürbar.

Therapeut: Welche Ziele verfolgten Sie eigentlich durch die Aufnahme der Geistlichen Begleitung?

GERHARD: Ich befand mich damals in einer Sinn- und Glaubenskrise. Meine Beziehung wurde von meiner Partnerin beendet, sie warf mir Initiativlosigkeit vor. Mein Arbeitgeber kündigte mir aus betrieblichen Gründen, mein Vater verstarb plötzlich. Ich wurde aus den gewohnten Bezügen herausgerissen. Dann habe ich mich gefragt: Wofür und an wen glaube ich eigentlich? Die Empfehlung zur Begleitung habe ich dann gerne angenommen, ohne zu ahnen, auf was ich mich einließ. Letztlich war ich völlig naiv, viel zu ergeben, unterwürfig und sehr passiv. Ich konnte keine neutrale Ausgangsposition einnehmen. Ich wollte irgendwie emotional „gut versorgt" werden.

Therapeut: ... sodass bei Ihnen zunächst keinerlei Bedenken hinsichtlich des Begleitungsverhältnisses aufkamen ...

GERHARD: Überhaupt nicht. Ich begrüßte sogar die dominante Haltung des Begleiters. Ich war es gewohnt, dass man mir vorschrieb, was ich zu tun hatte oder tun sollte. Genau was ich damals gesucht hatte. Diese Strukturen und Haltungen setzten sich dann in der Glaubensbewegung fort, ich fühlte mich dort zunächst getragen und integriert. Das tat mir anfänglich gut.

Therapeut: Aufgrund welcher Wahrnehmungen begannen Sie dann an der Wahrhaftigkeit der Ihnen entgegengebrachten Impulse und Kontakte zu zweifeln?

GERHARD: Damals habe ich erst nichts gesehen. Dann ging mir auf, dass die ganzen Kontakte und Beziehungsaufnahmen in der Bewegung sämtlich verzweckt waren. Alles diente immer dem Bewegungsideal. Ich merkte, dass es mir zu keinem Zeitpunkt gelang, echte Beziehungen zu pflegen. Auch wenn ich selbst doch sehr passiv und entscheidungsarm agiert habe, so konnte ich die Qualität von Beziehungen doch noch bewerten. Es waren oberflächliche Dialoge, sobald es nicht mehr um die Bewegung ging. An mir persönlich zeigte niemand Interesse. Ich fühlte mich mit der Zeit auch dort vereinsamt.

Ähnlich ging es mir auch mit meinem Begleiter. Er verband thematisch alles mit der Bewegung. Zuletzt ging es überhaupt nicht mehr um mich.

Therapeut: *Hatten Sie jemals wieder Kontakt mit ihrem ehemaligen Begleiter?*

GERHARD: Ja, ich wollte ihn nochmals aufsuchen und ihn mit der Entwicklung der Umstände konfrontieren. Das ist mir sehr schwergefallen. Normalerweise bringe ich nicht den Mut auf, mich auf solche Situationen einzulassen. Aber meine Wut war doch größer. Ich habe ihn angesprochen. Er meinte dann, er wisse nicht, was ich meine und wolle. Aus seiner Sicht sei die Begleitung zielführend verlaufen. Er konnte oder wollte überhaupt nicht erkennen, worauf ich ihn ansprach. Dabei habe ich es dann belassen.

Therapeut: *Können Sie auf dieser Basis bereits jetzt Konsequenzen für Ihr weiteres Leben ableiten?*

GERHARD: Ich werde mein Leben zukünftig sicherlich selbstbestimmter in die Hand nehmen. Wie das genau werden wird, weiß ich noch nicht. Ich benötige dafür auch Hilfestellungen. Für diese werde ich aber sorgen, damit es danach hoffnungsgeprägt weitergehen kann. Ich werde in jedem Falle versuchen, unabhängiger von anderen Menschen zu bleiben. Ob es gelingen wird, kann nur die Zeit erbringen. Ich habe viel gelernt, über abhängige Beziehungen, über Missbrauch von Abhängigkeiten, über die eingeengte Sichtweise von Glaubensbewegungen.

Geistliche Begleitung kann hilfreich sein, wenn sie fachgerecht zum Einsatz kommt. Sie hat aber ihre Grenzen, die ich zu spüren bekommen habe. Bewegt man sich als Begleiter bewusst und willentlich über diese hinaus, werden sie verzweckt. Dann spreche ich von Missbrauch, welcher auch mir widerfuhr.

Fluchträume XI – in Abhängigkeitsverhältnissen

Die Aufgabe der Geistlichen Begleitung liegt ursprünglich in dem Ziel verortet, geistliche Wachstumsprozesse ganzheitlich zu begleiten. Fachgerecht ausgeführt, bezieht dieser Prozess immer auch, neben der geistlichen, die seelischen und leiblichen Dimensionen mit ein. Die Glaubensgeschichte des Menschen wird vor dem Hintergrund seiner Lebensgeschichte verstanden.

Das Ziel ist es letztendlich, das eigene Leben, einschließlich der Schattenseiten, mit Gott in Berührung zu bringen und sich zu versöhnen.[43]

Ein sorgsam über den Begleitungsprozess wachender Begleiter ist immer mit der Frage beschäftigt, wie bei der begleiteten Person geistliche Wachstumsprozesse, die sich in Leib, Geist und Seele vollziehen, ganzheitlich begleitet werden können.

Geistlichen Begleitungsprozessen sind aber selbstredend bisweilen auch Grenzen gesetzt. Der Prozess selbst ist nicht immer frei von Problemen. Zu beachten bleiben dabei mögliche Störanfälligkeiten im Kommunikations- und Beziehungsgeschehen. Eine maßgebliche Rolle spielt dabei die Selbst- und Fremdeinschätzung der eigenen Kompetenzen.[44]

Auch die Geistlichen Begleitungsprozesse sind geprägt von entscheidenden – in der Regel nonverbal (nicht direkt) – ablaufenden Vorgängen, die beispielsweise mit Begriffen wie Kontaktstörungen, Übertragungsphänomenen und Abwehrmechanismen umschrieben werden können:

Die Erfahrungen zeigen, dass Störungen im Kontakt- und in Beziehungsgeschehen auch in geistlichen Begleitungsprozessen häufig vorkommen. Sie betreffen die beiden Personen im Beziehungsgeschehen und können sowohl von der zu begleitenden Person ausgehen als auch von der Begleitperson. In einer gesunden Begleitungsbeziehung ist die Begleitperson verantwortlich, so weit wie möglich Störungen zu vermeiden. Wenn es aber doch zu Störungen kommt, sollten diese von den Begleitern zuerst wahrgenommen und behoben werden.

Diese Prozesse können auch – obwohl sie nonverbal ablaufen – von der Begleitperson in missbräuchlich benutzten Verhältnissen ganz bewusst und gezielt zur Manipulation der Dynamik zum Einsatz kommen.

Regelhaft ablaufende Mechanismen können sich etwa wie folgt gestalten:

Im Falle einer Projektion projiziert die zu begleitende Person einen eigenen ungesehenen Anteil (Aggression oder Angst vor Auseinandersetzung) auf die Begleitperson und will diesen dort bewundern oder bekämpfen.

Im Rahmen einer sogenannten Retroflexion wendet die zu begleitende Person Gefühle wie Wut, Aggression oder Zuwendung, die beispielsweise der Begleitperson oder anderen Personen gehören, gegen sich selbst.

Im Falle von Übertragungsphänomenen ist immer noch eine dritte oder vierte Person im Beziehungsspiel. Beispielsweise hat die zu begleitende Person Erwartungen an Eltern (geachtet, geliebt zu werden), welche nicht erfüllt wurden. Jetzt überträgt sie diese Erwartungen auf die Begleitperson. Oder aber die zu begleitende Person wurde getadelt bzw. benutzt. Jetzt überträgt sie ähnliche Gefühle auf Erfahrungen in der Begleitung.

Im Falle der Gegenübertragung überträgt die zu begleitende Person auf die Begleitperson beispielsweise das Gefühl, nicht verstanden zu werden. Gerade Gegenübertragungen geschehen unbewusst und rasch, insbesondere in schwierigen Situationen – beispielsweise, wenn sich die zu begleitende Person in einer emotional starken Auseinandersetzung mit ihrer Lebensgeschichte befindet.

Es ist auch Aufgabe der Begleitperson, diese vorbenannten Prozesse zu erkennen und sie rechtzeitig zu identifizieren, damit fachgerecht innerhalb des Prozesses reagiert werden kann.

Die Erkenntnis solcher – regelhaft auftretende, prozesshafter Abläufe – kann aber auch dazu beitragen, das Wissen um die im Begleitprozess ablaufende Dynamik missbräuchlich zu verwenden – etwa dann, wenn dem erkannten Übertragungsschema nicht abgeholfen wird, sondern dieses noch zu Missbrauchszwecken funktionalisiert wird.

Dieser Sachverhalt ist beispielsweise dann erfüllt, insofern dem Begleiter bewusst wird, dass er selbst den Übertragungsprozess zwar erkannt hat, die zu begleitende Person – in einem ersten missbräuchlichen Schritt – aber weiterhin bewusst im Ungewissen hält, um einen Informationsvorsprung zu besitzen, auf dessen Basis entsprechend manipuliert werden kann.

In einem zweiten missbräuchlichen Schritt dieser Verhaltensstruktur kommt dieses Wissen um – von der begleiteten Person nicht erkannte – Dynamiken derart zur Anwendung, indem die Begleitperson das Verhältnis zur begleiteten Person für eigene Zwecke instrumentalisiert und funktionalisiert.

Dieser Umstand war bei GERHARD geschehen, in dem Sinne, dass der Begleiter dessen abhängige Grundhaltung zwar erkannte, aber daraufhin nicht auflöste, sondern für die Gewinnung von GERHARD für die Bewegung instrumentalisierte.

Es gibt missbräuchliche Entwicklungen in Begleitprozessen, die mehr oder weniger bewusst ablaufen, beispielsweise, wenn Übertragungsphänomene der Begleitperson selbst über lange Zeit nicht identifiziert werden und von beiden an der Begleitung beteiligten Personen unbewusst mitgetragen werden.

Bewusst aufrechterhaltene missbräuchliche Begleitprozesse jedoch sind sicherlich mehr als fahrlässig – wie auch das Beispiel GERHARDS gezeigt hat. Sie öffnen Tür und Tor für die Ausbildung, Fixierung und Chronifizierung von langfristigen Abhängigkeitsverhältnissen, welche dann wiederum selbst auch missbräuchlich manipuliert werden können.

Unabhängig von der fragwürdigen Motivationslage, die einen Begleiter dorthin führen mag, Begleitprozesse bewusst missbräuchlich einzusetzen, sind dessen Handlungsstrukturen letztlich immer dann möglich, wenn Spaltungsdynamiken und Machtgefällen in Begleitprozessen nicht abgeholfen wird, obwohl sie von der verantwortlichen Person erkannt werden.

Ist dieser Zustand eingetreten, ist der Tatbestand des emotional geistigen Missbrauchs erfüllt. Die sich davon ableitenden möglichen Folgekonsequenzen im Sinne dauerhafter psychischer Beeinträchtigungen und seelischer Leiden sind vielgestaltig und leidvoll.

DIE UNGEHORSAMEN –

Barmherzigkeit…
… Sanktionierungsanlass?

KASUISTIK 12:

Marie-Luise (66 Jahre)

Anamnese:

Im Alter von 65 Jahren trat MARIE-LUISE im Jahr 2019 aus ihrer Schwesternkongregation aus, nahezu auf den Tag genau 43 Jahre nach ihrem Eintritt in den Orden.

Für MARIE-LUISE war keine Situation zu schwer, keine Krise unlösbar, kein Leid unaushaltbar. Felsenfest stand sie stets in der Brandung eines für sie immer herausfordernden Ordenslebens. Nur eine Vorstellung blieb ihr unerträglich, nämlich Hilfsbedürftigen entweder nur unzureichend oder überhaupt nicht zu Hilfe eilen zu können. Das war und blieb für sie mit ihrem unverbrüchlichen jesuanischen Selbstverständnis inakzeptabel. Für Sr. MARIE-

LUISE gab es immer eine Lösung, auch in den scheinbar ausweglosesten Konstellationen. Dafür stand sie ein, dafür lebte sie, dafür betete und danach handelte sie.

MARIE-LUISE wurde als fünftes von sechs Kindern 1954 in einen konservativ-katholischen Haushalt geboren. Ein älterer Bruder wurde 1976 zum Priester geweiht. Die im Glauben fest verwurzelte Familie, für die das Anpacken immer konkreter blieb als theologische Argumentationsgebäude, sah stets das vereinigende, niemals jedoch das ausgrenzende Element als das Wesentliche im Zentrum ihrer katholischen Praxis. Diese Grundhaltung entwickelte sich zu dem persönlichen Profil der späteren Sr. MARIE-LUISE.

Die Wahl fiel ihr leicht, mit 22 Jahren trat sie in den Orden ein, wirkte einige Zeit im Mutterhaus, ging dann – auf eigenen Wunsch – für Jahre in die Mission, nach Chile, nach Südafrika und auf die Philippinen.

Nach ihrer Rückkehr wurde sie in der Gemeindepastoral eingesetzt, einem Bereich, der ihr besonders am Herzen lag und in welchem sie lange Jahre tätig blieb. Ihr stets karitatives und insbesondere auf sozial schwache Strukturen ausgerichtetes Wirken blieb der Ordensleitung nicht verborgen.

Schließlich wurde sie zur Filialoberin eines Schwesternkonventes in einer deutschen Großstadt berufen. Diesem Ruf kam sie mit Begeisterung nach und stellte auch dort die Hilfe und Unterstützung für Menschen an den Randbereichen der Gesellschaft in den Fokus ihres Handelns. Diesen Aspekt betrachteten nicht wenige ihrer Konventschwestern mit fragwürdigem und ungläubigem Staunen.

So war es für MARIE-LUISE nichts Außergewöhnliches, als sie im September 2018 in der Kapelle auf dem Grundstück des Schwesternkonventes frühmorgens gegen sechs Uhr einen in sich zusammengesunkenen Mann in abgerissener Kleidung in den vorderen Kirchenbänken vorfand. Sie nahm unauffällig in den hinteren Bänken Platz und beobachtete die Situation. Die vor ihr sitzende Person schätzte sie auf Anfang 30, dabei erheblich ungepflegt und den Geruch der Straße verströmend. An diesem Morgen sprach MARIE-LUISE den verzweifelt und hilfsbedürftig wirkenden Mann noch nicht an. Sie wusste, wenn es existenziell wird, wird er wieder erscheinen. Und er kam wieder. Schon in den nächsten Tagen ergab sich frühmorgens das gleiche Bild.

Jetzt entschloss sie sich zu einer Kontaktaufnahme. Er sei drogenabhängig, berichtete er, seit Jahren schon, häufig und derzeit mal wieder obdachlos, gearbeitet habe er schon lange nicht mehr, irgendwo in Deutschland sitze seine Ex-Frau mit zwei Kindern, den Kontakt habe er lange verloren. Es halte ihn nicht mehr viel am Leben. Eine Kirche sei ein guter Ort, um nachzudenken. Früher sei er mal gläubig gewesen, da habe ihn das Leben noch nicht derart enttäuscht. Man könne es ja mal wieder versuchen.

Für MARIR-LUISE gehörte das Problemfeld dieses jungen Mannes sofort zu ihrem – so wahrgenommenen – Aufgabenfeld, hier musste dringend Abhilfe geschaffen werden. In den nächsten Tagen bis Wochen sah man sie hauptsächlich mit jenen Tätigkeiten befasst, welche zur Behebung der Notlage, der Sicherstellung eines ersten Kontaktnetzes, der Kontaktierung von Behörden, Arztpraxen und Kliniken erforderlich waren. Aus Erfahrung war ihr vollkommen bewusst, dieser Fall brauchte Zeit, intensive Zuwendung und dauerhaften Einsatz. Aber solche Konstellationen waren ihr hinlänglich bekannt.

Nicht aber den Mitschwestern, die bereits seit Tagen fast argwöhnisch die Tätigkeiten ihrer Oberin beobachteten und in Kauf nehmen mussten, dass gegenwärtig andere Prioritäten gesetzt wurden. Nun teilen in einem größeren Konvent sicherlich nicht immer alle Schwestern die Entscheidungen ihrer Oberin, im vorliegenden Fall jedoch führte die Situationsentwicklung zu dem Umstand, dass eine Mitschwester Meldung an die Generaloberin machte. Mitgeteilt wurde, man sorge sich um die Fähigkeit der Filialoberin, den eigentlichen Leitungstätigkeiten nachkommen zu können, es stünden andere wichtigere Entscheidungen an, die der Vernachlässigung anheimfielen.

Es dauerte nicht sehr lange und MARIE-LUISE fand sich auf Einbestellung hin bei der Generaloberin ein, welche recht schnell zur Sache kam und unmissverständlich mitteilte, dass die Versorgung eines jungen drogenabhängigen Mannes auf dem Gelände eines Schwesternkonventes nun wirklich nicht zu den Aufgaben einer Provinzoberin gehörte. Die Generaloberin reagierte entsetzt, zeigte kein Verständnis für die Erörterungen von MARIE-LUISE und entließ sie mit der Anordnung, sich fortan nicht mehr um den Betroffenen zu kümmern.

Zunächst kehrte – zumindest vorübergehend – die notwendige Ruhe in den Konvent ein, bis der Drogenabhängige – zwei Wochen später – erneut auf dem Gelände erschien, mittlerweile in einem noch heruntergekommeneren Gesamtzustand, und um finanzielle Unterstützung, Essen und eine Unterkunft bittend. MARIE-LUISE traf die folgenschwere Entscheidung, ihn auf dem Gelände für einige Tage zu beherbergen, wohl wissend, dass der Konsum auch weiterhin dort fortgesetzt würde.

Die Reaktion ließ nicht lange auf sich warten. Im Rahmen der zweiten Zusammenkunft mit der Generaloberin wurde MARIE-LUISE nunmehr vor die Entscheidung gestellt, entweder ihren Aufgaben vollumfänglich nachkommen zu wollen – mit der Folge, dass man für den Mann nichts mehr tun könne und werde – oder aber einer Versetzung ohne Oberinnenstatus in einen anderen Konvent ins Auge sehen zu müssen.

MARIE-LUISE erbat sich – aus taktischen Gründen – Bedenkzeit, kehrte an ihre Wirkungsstätte zurück, nutzte die nächsten Tage, um die noch anfälligen Behördengänge für den Betroffenen, dessen Vermittlung an einen Substitutionsarzt, die Sicherstellung einer Klinikeinweisung und die notwendigen finanziellen und lebensmitteltechnischen Belange umzusetzen, verabschiedete sich von den Konventschwestern und kehrte der Schwesternkongregation und dem Orden den Rücken. Sie trat zum nächstmöglichen Zeitpunkt aus, in vollem Bewusstsein ihrer Entscheidung, ohne Reue, aber auf Basis einer hohen Verbitterung.

Diese Verbitterung ergriff in den folgenden Wochen nahezu vollständig von ihr Besitz. Sie begann sich zurückzuziehen, zu grübeln und haderte – nicht mit der Entscheidung ihres Austritts, wohl aber mit dem Umstand der durch ihre Kongregation verweigerten Barmherzigkeit.

Auch in den folgenden Wochen bis Monaten besserte sich der Zustand nicht. MARIE-LUISE konnte nicht begreifen, dass vermeintlich umumgehbare Strukturen und Ordensstatuten das Nächstliegende verhinderten, nämlich barmherzige Hilfe und Linderung sozialer und existenzieller Not. Und dies in einem Orden, dem sie ihre ganze Leidenschaft, ihr gesamtes karitatives Wirken geschenkt hatte – ein Leben lang. Sie fraß die Verbitterung förmlich in sich hinein.

MARIE-LUISE entwickelte depressive Symptome, Schlafstörungen und begann, deutlich weniger zu essen. Sie ließ die Rollläden ihrer kleinen Wohnung herunter, war für niemanden mehr erreichbar und schrieb entweder zahlreiche Briefe des Unverständnisses an die Generalleitung des Ordens oder starrte Löcher in die Wände ihrer Küche.

Schließlich, durch eine frühere Mitschwester überzeugt, die – wohlgemerkt – als Einzige zu ihr Kontakt gehalten hatte, begab sie sich in eine psychiatrische Praxis und ließ sich dort akut behandeln. Nach Einstellung auf eine medikamentöse Therapie wurde sie an unsere Praxis weitervermittelt.

Erfahrungsbericht:

Therapeut: Was veranlasste Sie zu diesem doch recht schnell umgesetzten Austritt aus dem Orden?

MARIE-LUISE: Wissen Sie, ich habe mein ganzes Leben in den Dienst dieser Schwestern gestellt. Ich war und bin bereit, mich zum Wohle des Ordens erheblich einzuschränken. Aber ich habe meine Prinzipien, die auf meine Berufungshaltung zurückgehen.

Wenn geholfen werden muss, und das war hier hinsichtlich des Schicksals dieses Mannes der Fall, dann muss etwas getan werden, und zwar praktisch und genau dann, wenn es angezeigt ist. Diese Notwendigkeit stand hier im Raum. So etwas wie die Reaktion der Mitschwestern und der Generalleitung habe ich in 40 Jahren meines Wirkens noch nicht erlebt. Ich war auf drei Kontinenten lange Jahre eingesetzt. Ich habe dort gelernt, was es heißt, rechtzeitig und mit allen Möglichkeiten zuzugreifen. Meinen Sie, mit den Haltungen meiner Mitschwestern kann man in Chile oder auf den Philippinen auch nur irgendetwas ausrichten? Das war völlig realitätsfern. Was mich aber am meisten schockierte, war diese Gefühllosigkeit der Generaloberin gegenüber dem Schicksal dieses Mannes. Diese Gefühlskälte, das Unbeteiligtsein hinsichtlich der Not eines Mitmenschen. Das konnte ich weder verstehen, noch begreifen, geschweige denn nachvollziehen. Da hört für mich der Gehorsam auf, definitiv.

Therapeut: Es war also eine bewusste Entscheidung, ohne Rücksicht auf das Gehorsamsgelübde?

MARIE-LUISE: Genau das war es. Man trägt im Laufe seines Ordenslebens viele unausgereifte Entscheidungen der Leitung mit, man erträgt die Intrigen und die Nickligkeiten der Mitschwestern, man akzeptiert auch Versetzungen und Anordnungen – aber die Verweigerung von Barmherzigkeit? Das geht auf gar keinen Fall. Darauf bezog sich meine Verbitterung.

Therapeut: Sie stehen auch aktuell noch zu Ihrer Entscheidung?

MARIE-LUISE: Absolut, absolut. Ich fühle keine Wehmut, keine Trauer, kein Bedauern. Ich hadere aber mit dem Umstand, mich einem Orden angeschlossen zu haben, der derart realitätsfern denkt und handelt – das ist für mich nach wie vor unaushaltbar. Ich leide derzeit unter einer anhaltenden Verbitterung. Es sieht nicht so aus, als ob dieses Gefühl schnell wieder verschwinden wird. Daher habe ich die Gesprächstherapie auch aufnehmen wollen.

***Therapeut:** Im Rahmen Ihrer Verbitterung, was bindet Ihre Gedanken am meisten, worüber grübeln Sie die meiste Zeit?*

MARIE-LUISE: Es gibt viele Ebenen und Bereiche im Leben einer Ordensschwester. Im Laufe eines Ordenslebens lernt man, viel auszuhalten, flexibel zu werden, viel zu verzeihen und weit zu denken. Nur in einem Bereich ist das meines Erachtens nicht möglich – auf der Ebene der Barmherzigkeit. Wenn Barmherzigkeit gelebt werden kann und muss – dann muss ich das umsetzen, und zwar unmittelbar. Das ist unser Hauptauftrag. Nichts ist wichtiger, kein Verwaltungsgang, keine Sitzung, keine Konferenz und keine Formalität. Somit traf diese Anordnung der Generalleitung den einzig wunden Punkt, den ich besaß. Sie hat „voll ins Schwarze" getroffen.

Nach der zweiten Aussprache mit der Generalleitung wusste ich, es gibt keinen Kompromiss und es gibt auch kein Zurück.

Ich folgte somit der einzigen Bedingung, die ich mir zu Beginn meiner Berufung stellte – bleibe unter allen Umständen barmherzig:

Kennen Sie die Geschichte des Mannes aus Jericho? Ihm haben wir zu folgen, das ist es, worauf es ankommt.

Nichts sonst …

Fluchträume XII – Rückzug als Ausweg ...

Am Ende der Darstellung von ausgewählten Kasuistiken und Fallbeispielen, die den kirchlichen Leidensräumen entwachsen, sind wir wiederum bei einem Fall angelangt, welcher das Thema der verhinderten Berufung anspricht. Der Fall von MARIE-LUISE zeigt eindrücklich, dass Prioritätensetzungen mitunter ausschlaggebend für einschneidende Richtungsänderungen sein können. Im Ansatz könnte man den Fall auch mit der Situation von REBEKKA vergleichen, wobei es hier um voneinander abweichende Ausgangssituationen geht.

Der Fall von MARIE-LUISE wurde beispielhaft ausgewählt. Ausgewählt für die vielen Ordensmitglieder in der Kirche, die von ihren grundlegenden Prinzipien ihrer Berufung abweichende Entscheidungen nicht mittragen können und sich dann hinsichtlich dieser für sie ausschlaggebenden Grundprinzipien zum sogenannten Ungehorsam entscheiden, auch wenn diese Entscheidungen mitunter erhebliche Konsequenzen nach sich ziehen. Nicht wenige so Betroffene kehren ihren Orden, Konventen und Kongregationen den Rücken und treten tatsächlich aus. Der Rückzug aus dem Orden wird dann als naheliegender Ausweg betrachtet.

Diese Schritte bleiben jedoch nicht immer ohne gesundheitliche Folgen. In der Regel sind vor allem die seelischen Strukturen beeinträchtigt. Vielfach fallen ehemalige Ordensmitglieder aus den Versorgungsstrukturen unmittelbar heraus. Nicht wenige kämpfen und streiten noch jahrelang mit ihren Leitungen um erstrebte Rentenbezüge und sonstige Sozialleistungen. In sehr vielen Fällen lässt sich jedoch ein Phänomen beobachten, welches sich mit dem Oberbegriff einer anhaltenden Verbitterungsstörung beschreiben lässt.

Nach der Entscheidung zum Austritt bleibt häufig der Eindruck zurück, um entscheidende Belange betrogen worden zu sein, gepaart mit Enttäuschung. Enttäuschung über die Unbeweglichkeit, Starre und Enge von Statuten, von Regelungen und Normen, die sich dann mit Berufungsprinzipien nicht mehr vereinbaren lassen – eben, weil sie die eigentliche evangelikale Botschaft verfehlen. Die Analyse zahlreicher ähnlicher und vergleichbarer Fälle führt zu der Erkenntnis, dass bestimmte Entscheidungen einer Generalleitung aus karitativer, pastoraler und fürsorgender Perspektive tatsächlich deutlich unverständlich und kaum nachvollziehbar bewertet werden müssen.

Aus ärztlich-therapeutischer Sicht stellt sich hier einmal mehr die Frage, ob der spätere Gang zum Psychiater nicht bereits zu einem viel früheren Zeitpunkt durch präventiv einwirkende Strukturen und vorsorgende Prinzipien anhand alternativer Handlungsmaxime hätte verhindert werden können.

Die Reaktionen von MARIE-LUISE auf ihre Entscheidung, den Orden zu verlassen, entspricht einem Symptombild, welches tatsächlich häufiger zu beobachten ist. Die Kombination aus anhaltender und fixierter Enttäuschung, aus depressiver Stimmungslage, anhaltender Freudlosigkeit, bei gleichzeitigem Verfallen in blinden, querulantisch anmutenden Aktionismus (Verfassen von Dokumenten an die Leitung, anhaltender aktiv ausgetragener Streit um Bezüge und Zuwendungen, Einwirkungsversuche auf postalischem und juristischem Weg) bei grundlegender Verbitterung, ließen bereits weitere psychiatrische Fachkollegen von der Annahme ausgehen, dass die Verbitterungsstörung tatsächlich existent sei und mit diesem Attribut versehen werden müsse. Die Verbitterungsstörung hat auch bereits Eingang in psychiatrische Klassifikationssysteme gefunden und die Aufmerksamkeit der Fachwelt sicher.

Aus der Perspektive einer Generalleitung (eines Ordens oder einer Gemeinschaft) besitzt das vermeintliche Ausspielen von Ordensregeln, Statuten und Leitungsentscheidungen gegen den ins Feld geführten Anspruch auf Handlungen der Barmherzigkeit die Gefahr des Macht- und Autoritätsverlustes, den es – insofern man weiterhin die Leitungsperspektive einnimmt – zu vermeiden gilt. Dies wirft unweigerlich die Frage auf, ob hierarchisch ableitbare Macht und Autorität (somit als nicht dem Humanismus entlehnte

Handlungsautorität) überhaupt gegen eine barmherzige Grundhaltung ausgespielt werden kann. Dort, wo sich dieser Konflikt dennoch ereignet, bleiben Enttäuschung und Verbitterung zurück, angesichts einer Ohnmachtshaltung und -perspektive, die dann lediglich im Rückzug ihren Ausweg findet.

Damit aber wird der betreffende Orden – immer dort, wo Ähnliches geschieht und entschieden wird – beständig um eine wertvolle Seele ärmer, die eigentlich nur dem Ruf der Barmherzigkeit folgen wollte.

Doch das scheint dann schon nicht mehr von Interesse ...

Es geht darum,
Alle
einzugliedern,
man muss jedem Einzelnen helfen,
seinen Weg zu finden,
an der kirchlichen Gemeinschaft teilzuhaben,
damit er sich als Empfänger
einer unverdienten, bedingungslosen
und gegenleistungsfreien

Barmherzigkeit

empfindet.

Papst Franziskus[45]

III.
Dritter TEIL

SpielRÄUME –
die Wahrheit wird Euch freimachen!

Einsam die Bühne, verlassen und leer …

Der Vorhang senkt sich vor unseren Augen – vorerst. Wir bleiben am Bühnenrand, an der Rampe, zurück. Wie?

Betroffen …, beschämt …, bestätigt …, ungläubig …, abwiegelnd …, erschüttert … ?

Aber, es waren und sind keine Schauspieler, die sich uns öffneten, keine Protagonisten.

Es sind Betroffene, wie wir sagen und schreiben. Aber reicht das aus, um die Lebenssituationen dieser Menschen zu treffen? Sind es nicht viel mehr auch schon Opfer?

Ja, es sind Opfer missbräuchlicher Strukturen, in denen Menschen missbräuchlich handeln.

Wir eröffneten diesen so Betroffenen einen Bühnenraum, in dem sie ihre Rolle leicht ausfüllten, denn sie *sind*, was sie darstellen. Diese Rolle bringen sie bereits mit. Ausnahmslos alle erfuhren nicht wenig seelisches Leid, veränderten sich in ihrer Persönlichkeit, fielen zeitweise aus dem Leben, griffen nach dem rettenden Anker. Nicht alle konnten gerettet werden.

Das Leben schrieb ihnen diese Rolle auf den Leib – und auf die Seele. Viele hatten keine Wahl. Sie spielten auch nicht *das* Stück ihres Lebens, sie offenbarten *ein* Stück ihres Lebens – es *ist* ihr Leben!

Sie konnten nicht immer wählen, ob sie darin untergehen, ob sie das Leid würdig annehmen, oder ob sie ihre Situation aktiv gestalten.

Die „unverschämte Macht" des Erzählens

Die in diesem Buch sogenannten Betroffenen sind den Ermutigungen anderer gefolgt, nicht länger zu schweigen. Sie haben sich dazu entschlossen, ihr Leid zur Sprache zu bringen. Es war nicht immer leicht, oft schmerzlich und schwer. Es hilft in jedem Falle denjenigen, die durch diesen Akt des Mitteilens ihrerseits zum Reden ermutigt werden.

Ganz zutreffend schreiben Barabara Haselbeck, Ute Leimgruber und Regina Heyder[46], indem die Geschichten nicht mehr verschämt verschwiegen oder aber verborgen werden, werden sie zu einer lebendigen, unverschämten Macht.

Wolfgang Rothe[47] pflichtet dieser Feststellung bei und beschreitet eine weitere Ebene, indem er anführt, diese unverschämte Macht des Erzählens sei Widerstand gegen die unheilvollen Mächte des Missbrauchs, gegen die Taten und das Vertuschen, vor allem gegen die eigene Ohnmacht.

Wie wir gesehen haben, beziehen sich die ausgewählten Fallbeispiele jedoch keineswegs nur auf die hauptsächlich im Rahmen der Analyse von Missbrauchsprozessen in der Kirche im Fokus stehende Überhöhung und Tabuisierung von Sexualität, sondern beschreiten vielfältige Leidensräume in der Kirche, die ebenso vielfältig seelische Leiden erzeugen.

Der Autor dieses Buches blieb bemüht, ein möglichst umfassendes Spektrum zahlreicher Situationskonstellationen zur Sprache und zum Ausdruck kommen zu lassen, die uns zeigen, missbräuchliche Strukturen sind allgegenwärtig, sie ereignen sich auf vielfältigen Ebenen und finden sich an allen jenen Orten, die missbräuchliche Strukturen begünstigen oder aber mit dem Kirchenrecht in Konflikt geraten.

„Sie" klagen an …

Hört man den Betroffenen, die in diesem Buch zur Sprache kommen, genau zu, verwenden nicht wenige die Begriffe von „Macht" und „Narzissmus". Immer wieder werden diese Kausalzusammenhänge hergestellt, von Menschen, die diese Phänomene an ihrer eigenen Lebensgeschichte erlitten haben.

Noch bei diesen beiden Begriffen verweilend, bleibt hier den Ausführungen von Doris Reisinger ausreichenden Raum zu gewähren, welche zu dem Beitrag von W. Rothe, „Missbrauchte Kirche"[48], ein sehr eindrückliches Nachwort verfasste, in welchem sie schwere Anklage gegen die Beschuldigten in der Kirche erhebt[49]:

Demnach führt Reisinger an, sie wolle insbesondere eines deutlich machen, nämlich, was die Maschinerie in der Kirche hervorgebracht habe, sei sicher nicht „die Kirche“ oder „der Glaube“, es seien auch nicht „die Konservativen“ oder „Traditionalisten“. Nein, das Problem liege jenseits und quer durch sämtliche ideologische Lager. Der eigentliche Graben innerhalb der katholischen Kirche verlaufe zwischen denen, die in der Kirche nach Macht gierten, über Macht verfügten, sich an ihre Macht klammerten und diese Macht gegebenfalls missbrauchten – sowie dem nicht nur ohnmächtigen, sondern mitunter auch recht gleichgültigen „Rest“. Reisinger betont, das wirklich Gefährliche an der katholischen Kirche und ihrem Glauben sei ihre Instrumentalisierung in der Hand von Gewalttätern und Gewalttäterinnen. Damit meine sie Menschen, die ungerührt zur Kenntnis nähmen oder es gar aus Gründen ihres dadurch gesicherten Machterhaltes begrüßten, dass ihre Lehren und obrigkeitlichen Verfügungen anderen das Leben schwer machten, sie teils sogar in die Verzweiflung trieben. Menschen, die allen erschütternden Erfahrungsberichten, aller Empirie und aller wissenschaftlichen Erkenntnis zum Trotz an solchen Lehren und Vorgaben festhielten und sich dabei auf Gott beriefen, um ihrer durch nichts anderes zu untermauernden Machtstellung dennoch zur Unangreifbarkeit zu verhelfen. Es seien auch Menschen, die kirchliche Gesetze zur Bekämpfung von Machtmissbrauch nur widerstrebend erließen, und solche, die von der Anwendung solcher Gesetze absähen, wenn ihnen das nütze. Der Schaden, der durch den Einfluss solcher Menschen in der Kirche angerichtet werde, gehe weit über Einzelschicksale hinaus. Er betreffe die ganze Kirche und sogar das „Himmelreich“.

An anderer Stelle kommt Reisinger[50] schließlich zu ihrer konkreten Anklage, indem sie fragend aufwirft:

„Was ist das für eine Kirche, die so mit Menschen umgeht?

Was ist das für eine Kirche, die aus Eigeninteresse Gruppen in ihrem Inneren duldet, die sich über jedes Recht und Gesetz hinwegsetzen, Menschen ausbeuten und missbrauchen;

und was sind das für Bischöfe, die sich von solchen Gemeinschaften hofieren und umschmeicheln lassen?“

Auch der psychologische Therapeut und Theologe Wunibald Müller fragt am Ende seines Buches „Verbrechen und kein Ende?“[51] in vergleichbarer Weise:

„Was ist das für ein System, in dem in einem solchen Umfang sexualisierte Gewalt möglich war?! Verbrechen nicht als Verbrechen gesehen und entsprechend gehandelt wurde?!

Was sagt das über ein System, in dem Personen die Verantwortung hatten und haben, die über Jahrzehnte den Schrei der Betroffenen nicht gehört haben, nicht hören wollten, unterdrückt haben?!

Deren Herz sich nicht vor Schmerz gekrümmt hat angesichts deren Schicksals?!

Was ist da falsch gelaufen, was läuft da in der Kirche falsch, dass so etwas geschehen kann …?“

Diese Anklagen wiegen schwer, bringen sie doch zusammenfassend jene Fragen und Feststellungen auf den Punkt, welche der Autor dieses Buches in zahlreichen Fällen von Betroffenen hörte und dokumentierte und wahlweise hier wiedergab.

Ich habe Betroffene immer wieder befragt zu ihrer grundsätzlichen Haltung gegenüber dem missbräuchlichen Milieu, aber auch den missbräuchlich Handelnden selbst, nachdem sie entweder das Tal der Tränen durchschritten hatten oder aber nach wie vor unter den seelischen Folgekonsequenzen litten. Wie man sich leicht veranschaulichen kann, existieren diesbezüglich breitgefächerte Antworten. Oftmals steht vor dem Bemühen, sich auch konstruktiv mit den erfahrenen Entsetzlichkeiten auseinanderzusetzen, die ohnmächtige Wut, nicht nur gegenüber dem Handelnden und seinen Motiven selbst, sondern auch gegenüber der Taubheit und der fehlenden Anerkennung hinsichtlich des ihnen Widerfahrenen.

Nach der Wut und einer finsteren Nacht vergleichbaren Ohnmacht kommt irgendwann auch die Anklage, vielfach etwa derart formuliert, wie sie mir ein Betroffener in schriftlicher Form überreichte:

Wir
die vergessenen Belangten
der zurückliegenden Jahrzehnte
erheben Klage

Wir
die unschuldig Missbrauchten
die auf dem Schlachtfeld der Macht Erschlagenen
die namenlos und unbekannt Gedemütigten

Wir
klagen ein
das uns Verlorene Vorenthaltene Verweigerte
es muss doch Gerechtigkeit geben

Wir
die vergessenen Instrumentalisierten
Opfer der narzisstischen Krönung
klagen bis zur höchsten Instanz.

Aber nicht nur Betroffene und Opfer missbräuchlicher Strukturen erheben Anklage gegen Beschuldigte, Täter, Gewaltstraftäter und Sexualstraftäter. Auch Beschuldigte selbst geraten mitunter in die Mühlen einer in nicht wenigen Fällen fragwürdigen kirchlichen Praxis der Aufklärung von vermeintlichen und angeschuldigten Tathandlungen. Auch die Analyse des kirchlichen Umgangs mit Beschuldigten, deren – eigentlicher und gemutmaßter – Tatbeitrag noch gar nicht erwiesen ist, führt zu der Erkenntnis, dass hier weitere Opfer geschaffen werden. Opfer in dem Sinne, dass sich bereits Beschuldigte als sogenannte „Überführte und Schuldige" entsprechenden Repressalien ausgesetzt sehen, die sie oftmals in die Spirale von Anklage (nicht im juristischen Sinne), Vorverurteilung, Abwertung und Verleumdung hineinführt.

Und letztlich findet man innerhalb der kirchlichen Hierarchie bei tatsächlich überführten und möglicherweise auch bereits strafrechtlich sanktionierten Beschuldigten, Angeklagten und dann abgeurteilten Tätern keine konkreteren sinnvolleren und präventiv wirksameren Strategien, als in Form harter struktureller Maßnahmen zu reagieren, etwa durch Laisierung, Entfernung aus dem Klerikerstand, Versetzung und Beschränkung der Tätigkeitsfelder von Priestern sowie durch deren Zuweisung an Psychotherapeuten, Gutachter und Psychiater.

Chaotische Komplexität…

Nach zahlreichen Jahren der psychotherapeutischen Begleitung von Betroffenen und Opfern missbräuchlicher Strukturen, der Begutachtung von Täterpersönlichkeiten sowie letztlich der therapeutischen Begleitung von Beschuldigten und Tätern kann man sich des Eindruckes kaum erwehren, als seien nahezu dieselben machtorientierten und narzisstisch dominierten Strukturen am Werk, die sowohl zuvor den Missbrauch begünstigten und ermöglichten und nachfolgend die transparente Aufarbeitung des Geschehenen sowie die konstruktive Ableitung von präventiven Strukturen verhinderten.

Am Ende dieser komplexen Kaskade steht dann oft nur ein hilflos und unsicher, auch halbherzig wirkendes, keinesfalls aber verantwortungsbewusst zum Ausdruck kommendes Bemühen, Betroffene zu hören, Betroffenen zu glauben, Fakten aufzuarbeiten, Schuld einzugestehen, Beschuldigte und Täter strukturell und fachkompetent zu führen, zu sanktionieren und präventiv zu handeln. Diözesane Aufarbeitungskommissionen sind da selbstverständlich ein wichtiger und unabdingbarer Schritt, aber oftmals – so zeigt es eben die Erfahrung mit den einzelnen Gruppierungen – stehen Betroffene, Opfer, Beschuldigte, Täter und in den Fokus von Ermittlungen geratende Personen vereinsamt, ratlos, schuldbehaftet und bar jeglicher Perspektiven im Raum.

Der Frage von Doris Reisinger, was das für eine Kirche sei, könnte man unumwunden auch die Frage hinzufügen, welcher struktureller Komplex auf Basis welcher Dynamik da eigentlich handele, oder eben nicht, oder zu spät, oder jedenfalls weit unter seinen Möglichkeiten?

Wer ist es, der da handelt...?

Die Analyse und kritisch aufarbeitende Würdigung von Systemen, gesellschaftlichen Strukturen und Glaubensgemeinschaften, die missbräuchliches Handeln hervorbringen und fördern, hat vor dem Hintergrund des allgemeinen wissenschaftlichen Erkenntnisfortschrittes in verschiedenen Bereichen (beispielsweise der Psychopathologie, der Kommunikationswissenschaften, der Präventionsforschung) wertvolle und wegweisende Ergebnisse erbracht, auf deren Basis bereits wichtige Konsequenzen gezogen wurden.

Systemanalysen, so hilfreich sie sind, verlieren aber mitunter den konkret handelnden Menschen, innerhalb seines – von seinen ureigensten Erfahrungen und Strukturen geprägten – Kontextes stehend, leicht aus den Augen.

Die in zahlreichen wissenschaftlichen Publikationen und Buchbeiträgen veranschaulichten Analyseergebnisse sprechen überzählig von instrumentalisierten und funktionalisierten Machstrukturen, welche wiederum narzisstischen Intentionen folgen, die ihrerseits aus einem Gefühlspotenzial von Neid, Wut, Hass und Ohnmacht geschöpft werden.

Nur in Einzelfällen kommt es zum Aufwerfen der Frage, ob sich missbräuchliches Handeln tatsächlich nicht auch an einem konkreten Menschentypus festmachen lasse – denn schließlich ist es ja im Regelfall schlichtweg der einzelne Mensch, welcher durch sein Handeln, seine Tat die missbräuchliche Dynamik erst in Gang setzt.

Der ungarische Literaturnobelpreisträger und Auschwitz-Überlebende Imre Kertész hat mit seinem Werk „Roman eines Schichsallosen"[52] im Jahr 1975 zweifelsohne ein Jahrhundertwerk vorgelegt. In dem jüngst aus seinem Nachlass erschienenen Arbeitsjournal[53] betont Kertész das von ihm verfolgte Unterfangen, eine Wahrheit über den Menschentyp seiner Zeit zu formulieren – eines Menschentypus, der vollständig hinter seiner Funktion verschwindet und seine Menschlichkeit verliert. Sicherlich zielt er damit gerade auch in unseren Tagen in das Herz der Gegenwart, der uns eigenen Zeitenstimmen. Der – keineswegs aus einer moralisch anklagenden, sondern aus der anpassungswilligen Perspektive eines 14-jährigen Jungen (ihm selbst) – erzählende Autor entwirft die Perspektive eines funktionalen Menschen, der geduldig „wie ein Schaf", ohne innere und äußere Gegenwehr in den „innersten Maschinenraum" der europäischen Unheilsgeschichte geführt wird. Das dabei zutage tretende Resumée führt ihn zu der Erkenntnis, dass es „keine Absurdität gebe, die man nicht ganz natürlich leben" würde. Er wolle zum Ausdruck bringen, dass „in der Welt nichts anderes passiere, als dass wir eine Absurdität, nämlich das Leben selbst, als etwas Natürliches hinnähmen". Er halte „die grenzenlose Biegsamkeit des modernen Menschen für unreparierbar". In der Zuspitzung der so gewonnenen Typisierung kommt Kertész zu dem Schluss, dass „keiner seine eigene Wirklichkeit lebe, sondern nur seine Fiktion" – und zwar „ohne diesen Verlust überhaupt zu bemerken, da der Mensch der Gegenwart über der Bearbeitung seiner unzähligen Lebensprobleme das Problem des Lebens an sich einfach vergesse".

Kertész bedauert schließlich, dass „jeder Mensch eine Fiktion sei, dass wir lebten, indem wir in unsere eigenen Fiktionen getaucht seien und an ihnen festklebten" – in den Erörterungen des Autors bleiben schließlich, neben tiefem Pessimismus, eine Verbitterung und ein Ressentiment zurück – am Ende strahlt die illusionslose Klarheit eines Mutes zur Verzweiflung.

Auch wenn wir möglicherweise die so aufgeworfene Verbitterung des Autors nicht teilen mögen, so rücken dessen Erörterungen über ein funktionales Menschenbild in einem der Fiktion verschriebenen Kontext doch beträchtlich in die Nähe der uns im Rahmen der missbräuchlicher Prozesse in der Kirche begegnenden Persönlichkeitstypierungen.

Denn wie anders wäre es glaubhaft zu erklären und zu verstehen, dass ausgerechnet jene Handlungsreisende, die wie auch immer in missbräuchliche Strukturen aktiv einsteigen, in diese hineingezogen werden und diese qua ihres Amtes mitzuverantworten haben, in nicht unerheblichen funktionalen Bezügen stehen und handeln?

Sollten auch sie etwa, gleich einer gelebten – und damit am Leben vorbeigelebten – Fiktion huldigen und im Rahmen einer über Jahrzehnte zum Einsatz kommenden „Biegsamkeit" vom Wege abgekommen sein?

Wer den Betroffenen genau zuhört, kann sich dieses Eindruckes nicht immer eindeutig erwehren.

Diese Feststellungen entheben jedoch nicht von der – den Betroffenen geschuldeten – Verpflichtung, neben funktionalen und fiktionalen systemischen Eigenarten, den ganz konkreten Menschen in den Fokus zu nehmen:

Schleichende Entmenschlichung …

Die für dieses Buch daher mit Bedacht ausgewählten Fallbeispiele von Betroffenen eines vielschichtigen Spektrums von missbräuchlichen Phänomenen zeigen auf, dass es eben nicht nur um die Veranschaulichung sexualisierter Gewalt gehen kann, sondern darüber hinaus noch um die Darstellung vielfältiger weiterer Handlungsstrukturen, die sich auf den Ebenen von Demütigung, Abwertung, dissozialem (antisozialem) Handeln, Verleumdung, Eingrenzung, Ausschluss, Nähe-Distanz-Verletzungen, impulshaften Handlungen, Neidstrukturen, Verunmöglichung von kreativem Potenzial, Missachtung und fahrlässig gehandhabter Förderung psychischer Beeinträchtigungen und lebensfeindlicher Entwicklungen bewegen – somit also um Parameter, die im Dienste anhaltenden funktionalisierten Machteinsatzes langsam, schleichend, aber kontinuierlich zur Entmenschlichung beitragen.

Diese aber kann sicherlich nicht mehr nur mit der Bemühung eines wie auch immer gearteten Menschentypus entschuldigt werden.

Abseits von den vorbenannten fachspezifischen und wissenschaftlich begründbaren Erkenntnissen zur Analyse von Missbrauchsprozessen, unter Einbezug sämtlicher systemrelevanter Stressoren und Parameter, stellt sich am Ende doch auch die Frage, ob wir aus den von den Betroffenen zur Darstellung gebrachten Leidensberichten nicht auch hinreichende Anknüpfungstatsachen heraushören können, die letztlich – hier sicherlich sehr vereinfacht, aber doch wirksam ausgedrückt – ein zunehmendes Maß an Unmenschlichkeit in den einzelnen Handlungsstrukturen beobachten lassen?

Auch wenn wir ausreichend viel wissen, auch wenn es uns gelingt, narzisstische Grundstrukturen und funktionalisierte Machtmechanismen in missbräuchlichen Systemen zu identifizieren, auch wenn es uns möglich wird, hier qualitative und quantitative Studien einem verwertbaren Ergebnis zuzuführen – so bleibt am Ende doch eben die ernüchternde und nahezu banal anmutende Feststellung, dass Empathielosigkeit, Neid und Missgunst, ausbleibende Barmherzigkeit und fehlende mitmenschliche Zuwendung darin ihren Wucher treiben.

Es mag banal anmuten, für die Betroffenen sind diese Feststellungen desaströs und traumatisierend.

Es verwundert daher nicht, dass sich die mit diesen Strukturen Konfrontierten und Verantwortlichen auf altbekanntes Terrain der Funktionalisierung zurückziehen. Wenn das stets sogleich bemühte Kirchenrecht nicht mehr ausreicht, zieht man sich schnell auf in den Statuten niedergelegte Unverrückbarkeiten zurück, bemüht man regelhaft andere Attribuierungen und verliert sich in Formulierungen wie einem „nicht regelkonformem Individualismus", um vermeintlich abweichendes Verhalten zu sanktionieren.

... Barmherzigkeit will ich ... .

Nun ist es sicherlich kein Geheimnis, dass der Verweis auf und die Anwendung von Kirchenrecht, Statuten und anderen maßregelnden oder sanktionierenden eingreifenden Maßnahmen nicht unbedingt dazu geeignet ist, in empathischer, zuwendender und wertschätzender Art und Weise auf den Einzelfall zuzugehen. Die Dominanz hierarchisch gegliederter Klerikalismen hilft keinem einzigen Notgeplagten, Hilfesuchenden und in seiner Existenz Berührten, noch eher er dann in verhängnisvoller Weise zum Betroffenen wird.

Scheint es daher nicht zielführender und ergiebiger – anstatt dem fortlaufend systemisch und strukturell bemühten Erklärungsmodus den Vorzug zu geben – sodann doch eher nach der Grundhaltung derjenigen zu fragen, die missbräuchliches Handeln erst ermöglicht. Oder, angleichend an die in Goethes Faust I aufgeworfene Frage „Wie hältst du's mit der Religion?", sodann zu fragen: „Wie hältst du's mit der Barmherzigkeit?"

Gerade Papst Franziskus misst der Barmherzigkeit im Rahmen seines Pontifikates eine herausragende Bedeutung zu. Barmherzigkeit ist das, was Franziskus am meisten am Herzen liegt. Viele der herausragenden Akzente dieses Pontifikats ergeben sich direkt hieraus. Nämlich sein Zugehen auf die Armen und die Menschen am Rand, seine Einfachheit im Stil, sein Versuch, die Beichte wiederzubeleben.

„Er glaubt fest daran, dass Barmherzigkeit nicht nur eine pastorale Haltung ist, sondern eben die Botschaft selbst", sagte der Papst-Vertraute Jesuit Antonio Spadaro[54].

In seinem Vorwort zu dem Buch „Barmherzigkeit will ich" führt der Herausgeber Stefan von Kempis[55] dementsprechend aus, bis heute werde Barmherzigkeit auch häufig als Schlachtruf in innerkirchlichen Grabenkämpfen verwendet, als Chiffre für das „Laisser-faire" – auch bei dem von Papst Franziskus initiierten Prozess zur Ehe- und Familienpastoral lasse sich das beobachten. Verblüffend sei allerdings, wie modern die Vorstellung der Barmherzigkeit auf einmal daherkomme, wenn man sie, wie Kardinal Kasper dies tue, einmal mit derzeit gängigen Modeworten in Verbindung bringe, mit „Empathie" nämlich, oder mit „compassion".

Unter der Überschrift „Das Antlitz der Barmherzigkeit" schreibt Papst Franziskus denn auch, der Tragebalken, der das Leben der Kirche stütze, sei die Barmherzigkeit. Ihr gesamtes pastorales Handeln solle umgeben sein von der Zärtlichkeit, mit der sie sich an die Gläubigen wende; ihre Verkündigung und ihr Zeugnis gegenüber der Welt könnten nicht ohne Barmherzigkeit geschehen. Die Glaubwürdigkeit der Kirche führe über den Weg der barmherzigen und mitleidenden Liebe.

Wo aber sind und waren Empathie, Compassion und die barmherzige Grundeinstellung bei jenem Pfarrer, der den existenziell Berührten nicht losspricht, nur weil er als Geschiedener in Partnerschaft lebt; oder bei jener Oberin, die die Gewissensnöte ihrer Mitschwester erkennt, diese jedoch lediglich unter Androhung von Sanktionierungen beantwortet; bei dem Geistlichen Begleiter, der seinen Begleiteten sehenden Auges in Abhängigkeitsverhältnisse führt; bei den Priestern, die Kindern und Jugendlichen sexuelle Gewalt antun; bei jenem Arbeitgeber in kirchlicher Trägerschaft, der, biegsam und gehorchend, den Mitarbeiter wegen seiner sexuellen Orientierung in Schwierigkeiten bringt; und bei jenen zahlreichen anderen, die sich dem Kirchenrecht und den Statuten beugen und die Barmherzigkeit verraten?

Braucht es angesichts der in diesem Zusammenhang zutage getretenen Defizite in der zwischenmenschlichen Hin- und Zuwendung tatsächlich erst Psychotherapeuten, Psychiater und Gutachter, die diese Zustände offenlegen und in der ihnen eigenen Art und Weise die Empathie, die curative Zuwendung, die Seelentröstung und die Barmherzigkeit den Betroffenen zurückbringen?

... wo war und ist da eigentlich Gott?....

Folgerichtig fragt auch Wunibald Müller in seinem vorzitierten Beitrag[56]:

„Wo ist da Gott gewesen? Ist da Gott? Auf welcher Seite hielt er sich auf?"

In den Augen vieler Opfer, so Müller, habe es ja gar nicht anders sein können, als dass er auf der Seite derer gewesen sei, die eine besondere Nähe zu ihm für sich beansprucht hätten. Gott habe sich aber gewehrt. Wenn heute endlich auch immer mehr die Frage stellten, was Gott mit der Missbrauchskrise sagen wolle, dann – so nach der Überzeugung Müllers – wolle Gott damit unter anderem sagen:

„Es ist genug. Ich bin nicht länger bereit, für etwas herhalten zu müssen, für das ich nicht die Verantwortung übernehme. Auf mich könnt ihr euch jedenfalls nicht länger berufen. Die Heiligkeit, die ihr angeblich schützen wollt, hat nichts mit meiner Heiligkeit zu tun. Meine Heiligkeit habt ihr beschmutzt, indem ihr die Kinder, die Jugendlichen, die missbraucht wurden, übersehen habt. Ich war bei ihnen. Nicht bei euch. Indem ihr sie nicht beachtet habt, habt ihr mich nicht beachtet."

Und Müller abschließend:

„Gott war ganz sicher nicht im Klerikalismus, der jede lebendige Spiritualität zum Ersticken bringt, der Gift für die Liebe bedeutet, die Gott selbst ist. Ihm begegnen wir in den Opfern, den Betroffenen sexualisierter Gewalt."

Der Beitrag von Wunibald Müller scheint hier ganz beispielhaft zu stehen für viele – für viele Traumatisierte, die das so Gesagte auf der Basis ihrer seelischen Leiden nicht mehr aussprechen können, denen die Kraft fehlt, sich derart unmissverständlich zu Wort melden und rebellieren zu können.

... und wo war da der Mensch? ...

Die Frage, wo sich im Angesicht schreienden Unrechts, im Angesicht missbräuchlicher Strukturen und des damit verursachten namenlosen Leids Gott eigentlich aufhalte, hat Papst Franziskus – zwar in einem anderen Zusammenhang, jedoch ungeachtet dessen wirkungsvoll – auf die ihm eigene Weise um eine entscheidende Frage erweitert:

Er stellte die Gegenfrage: „Adam, wo bist du?“

Franziskus drehte die ihm gestellte Frage – bei der Begegnung mit Jugendlichen in Manila im Januar 2015 –, wo der Barmherzige denn in Auschwitz gewesen sei, kurzerhand um: „Wo war denn damals der Mensch?“

Es ist die entscheidende Frage, die wir zu beantworten haben!

Die Analyse von wirkmächtigen systemischen Strukturen, von Impulsen und Dynamiken, die missbräuchliche Strukturen am Laufen halten und begünstigen ist eine mögliche und auch notwendige Herangehensweise, auch die Definition und Beschreibung präventiver Strukturen – die Frage nach der Selbstverantwortung des handelnden Menschen ist damit aber nicht gelöst. Ihr haben wir uns zu stellen angesichts der gesamten Missbrauchsphänomenologie:

Wo waren und sind wir selbst, wenn es darum geht, im entscheidenden Moment genau hinzuschauen, genau hinzuhören und empathisch zu fühlen, zu entscheiden und zu handeln?

Von welchen Handlungsmaximen ließen wir uns leiten? Wie begründen sich unsere Halbherzigkeiten. Warum konnten wir dem Betroffenen nicht der Nächste sein? Warum waren Narzissmus, Machtpotenzial, Wut und Hass stärker als die an anderer Stelle immer wieder ins Feld geführte Barmherzigkeit? Wo liegt unsere eigene, ganz persönliche Verantwortung, wenn wir nicht hinsahen, hinhörten, bagatellisierten?

…?

Wie kommen wir da wieder heraus?

In den zurückliegenden Jahren, insbesondere auch seit der Veröffentlichung der MHG-Studie, aber bereits auch zuvor, standen und stehen uns eine Vielzahl von Erkenntnissen aus fachpsychiatrischen Studienanalysen, Milieustudien, systemischen Korrelationen sowie aus Befragungen und Aktenanalysen zur Verfügung:

Wir wissen beispielsweise um den fälschlicherweise in Kirchenkreisen immer noch gesehenen Zusammenhang zwischen Homosexualität und Pädophilie; wir wissen, dass die Mehrheit der Opfer sexuellen Missbrauchs durch Priester aus männlichen Kindern und Jugendlichen besteht; wir wissen auch, dass Homosexuelle nicht mehr als Heterosexuelle dazu neigen, Minderjährige zu missbrauchen; wir wissen um die nach wie vor anhaltende Tabuisierung von Sexualität und Homosexualität in innerkirchlichen Kreisen und um die damit verbundene mangelnde zielführende Auseinandersetzung; wir wissen auch, dass sich ein überdurchschnittlich hoher Anteil an unreifen Priestern unter homosexuellen Priestern befindet; und wir wissen auch, dass psychosexuell unreife homosexuelle Priester einen bedeutenden Risikofaktor für sexuellen Missbrauch darstellen. Wir kennen auch die negativen Folgen der Tabuisierung von Homosexualität und wir wissen, es bedarf dringend eines Perspektivenwechsels in der Einstellung der Kirche zu Homosexualität. Wir wissen schließlich um die Notwendigkeit einer offenen und toleranzfördernden Perspektive. Dies alles mündet in die Forderung nach einer unabdingbaren Fürsorge der Vorgesetzten für ihre jeweiligen kirchlichen Mitarbeiter.

Wie also ist es zu erklären, dass die auf Basis dieser Erkenntnisse zu beschreitenden Wege nach wie vor – nach Jahren zunehmenden Erkenntniszugewinns – nur langsam und zögernd, gleichsam wie im Nebel, und nach Orientierung und Halt tastend – nur wenig beherzt beschritten werden?

Zahlreiche Gespräche, die ich seit 20 Jahren mit Priesteramtskandidaten führen konnte – im Rahmen von eigenen Vorträgen und Diskussionsrunden in Priesterseminaren oder im Rahmen von gutachterlichen Gesprächen – belegen, dass Seminaristen selbst schon längst und seit Langem sich dieser Defizite bewusst sind. Es erstaunt dabei, in zunehmendem Maße hören zu müssen, dass Tabuisierung und Ängste immer noch ihre Dominanz ausspielen. Oft fehlt es an der notwendigen Vertrauensgrundlage und der notwendigen Fürsorge, die zuvor tabuisierten Themenbereiche rechtzeitig zu identifizieren und zur Sprache zu bringen. Die Sprachlosigkeit kommt in vielen Gewändern daher und verhindert, an den relevanten Weggabelungen den zielführenden Weg einschlagen zu können.

Noch immer verhindern klerikale Strukturen, die fehlende Bereitschaft, Machtpotenzial hinter sich zu lassen und aufzulösen und die teils bar jeder Menschlichkeit geführte Kommunikation den entscheidenden Durchbruch. Noch immer erinnert der wenig empathische und entmenschlichte Umgang von Vorgesetzten mit Beschuldigten – deren endgültige Situationsklärung zunächst noch aussteht, deren eigentlicher Tatbeitrag somit noch nicht feststeht – eher an einen empathielosen Gerichtsprozess der Vorverurteilung als an einen verantwortungsvoll und von situationsadäquatem Umgang getragenen Klärungsvorgang.

Anspruch und Wirklichkeit, Bekundung und Realität, Absichtserklärung und sichtbare Klärungserfolge klaffen dabei bedauerlicherweise weit auseinander.

Auch gutachterliche Ergebnisse werden an den entsprechenden Stellen der Diözesanleitung nicht immer konsequent gehört und einbezogen.

Die Kenntnis über und das Wissen um missbrauchsbegünstigende Strukturen und deren Dynamik allein, aber auch die sorgsame und pflichtgemäße Formulierung von rückfallprophylaktisch wirksamen Präventivkonzepten, schaffen somit nur die Rahmenbedingungen, welche nach wie vor der Umsetzung der entscheidenden Richtungsänderung harren: nämlich des Paradigmenwechsels, entweder durch Entmachtung oder durch radikale Umkehr.

Wenn Papst Franziskus in „Das Haus aller …" im Jahr 2013[57] ausführt:

„… Ich sehe ganz klar, dass, was die Kirche heute braucht, die Fähigkeit ist, die Wunden zu heilen und die Herzen der Menschen zu wärmen – Nähe und Verbundenheit. Ich sehe die Kirche wie ein Feldlazarett nach einer Schlacht. Man muss einen schwer Verwundeten nicht nach Cholesterin oder nach hohem Zucker fragen.

Man muss die Wunden heilen. Dann können wir von allem anderen sprechen. Ich träume von einer Kirche als Mutter und als Hirten. Die Diener der Kirche müssen barmherzig sein, sich der Menschen annehmen, sie begleiten – wie der gute Samariter, der seinen Nächsten wäscht, reinigt, aufhebt. Das ist pures Evangelium…", dann müssen wir uns gegenwärtig unumwunden die Frage stellen, an welcher Stelle der Umsetzung dieses Traumes wir uns eigentlich gerade tatsächlich befinden, auch wenn und gerade wegen der Tatsache, dass wir uns in regelmäßigen Abständen in synodalen Prozessen treffen und austauschen.

In seinem – in diesem Buch bereits benannten – Buchbeitrag „Entmachtung" schlägt der Autor Michael Ebertz[58] verschiedene Lösungsansätze in Form von „Ausblicken" vor, die man als die eingeforderten Paradigmenwechsel verstehen kann. In diesem Zusammenhang formuliert er vier Thesen, die die Bereiche „Attraktivität, Wertorientierung, Multiperspektivität und Frieden" berühren.

Demzufolge formuliert er, für das kirchliche Feld stehe ein struktureller Paradigmenwechsel an, seine Fixierung auf das überkommene Reproduktionsmuster zu verlassen. Statt auf vergebliche familiäre Sozialisation für die Kirche sollte sie auf die Inspiration der Kirche zur religiösen Sinngebung setzen – nicht zuletzt in außeralltäglichen (normativen und kritischen) Lebensereignissen, auch und gerade im Erwachsenenalter.

Für die Kirche stehe auch ein kultureller Paradigmenwechsel an, ihr vorwiegend rechtliches Verständnis legitimer Liebe und Sexualität, aber auch von Sünde und Heil zu verlassen. Eine zukunftsfähige Kirche steigere auch außerkirchlich ihren Machtgewicht, wenn es ihren Repräsentanten im Blick auf Intimbeziehungen und andere Lebensformen gelinge, ihre normgeleiteten Erwartungen in wertgeleitete Erwartungen an ihre Mitglieder zu verwandeln.

Drittens stehe für die Kirche ein Paradigmenwechsel ihres offiziellen Denkstils an. Diese ziele auf den Abbau von bislang praktizierten Abwehr- und Ausschließungsmechanismen und auf den

Einbau von offensiven Lernmechanismen in Arenen der Multiperspektive im kirchlichen Feld.

Und schließlich stehe für das kirchliche Feld ein Paradigmenwechsel an, seine sozial- und gesellschaftspolitisch relevanten Arbeitsorganisationen aus dem vergeblichen konfessionellen Profilierungszwang herauszuführen und sie in Richtung einer „Friedensmacht" zu profilieren – stellvertretend für die Gesellschaft insgesamt.

Vier eingeforderte Paradigmenwechsel – so offensichtlich notwendig und lebenserhaltend sie sein mögen – sind letztlich immer nur so wirkmächtig und durchschlagskräftig, so lange sie – mehr als nur im Ansatz – genau eben jene Fähigkeiten zum Ausdruck bringen, die Franziskus im Jahr 2013 propagierte:

Zur Annahme und Begleitung des Menschen und zur Versorgung seiner seelischen Wunden gehört nicht nur die notwendige Sachkunde – erst die innere Einstellung, die Ausrichtung des inneren Wollens auf und die konkrete Hinwendung zum Menschen seiner selbst lassen erkennen, dass eine mit Händen greifbare Zeitenwende, die Zeit der Barmherzigkeit, angebrochen ist. Wenn man so will, kann man das als Paradigmenwechsel bezeichnen.

... der Geist wehe also, wo er will ...?

Wunibald Müller stellt letztlich den Bischöfen kein gutes Zeugnis aus, wenn er darlegt, bei allem Bemühen einzelner Bischöfe habe doch die Mehrheit der Bischöfe nicht verstanden, „was die Stunde geschlagen habe". Es könne nicht gehen, wie sie es sich vorstellten. Es werde sich nichts verändern, sondern mit kleinen Retuschen weitergehen wie bisher. Es sei höchste Zeit, dass ein Blitz in der Kirche einschlage. Aber er traue dem Heiligen Geist viel zu ...

Es bietet sich an, zum Schluss Karl Rahner in diesem Zusammenhang das Wort zu erteilen, welcher bereits 1972 daran erinnerte, dass „in der Kirche das Amt zu respektieren sei, aber die Liebenden, die Selbstlosen, die Prophetischen machten die eigentliche Kirche aus – diese seien noch längst nicht immer identisch mit den Amtsträgern, auch wenn es zum katholischen Glauben gehöre, dass Gottes Geist in der Kirche ein absolutes Schisma zwischen Geistträgern und Amtsträgern zu verhindern wisse. Wenn einmal diese dogmatischen Selbstverständlichkeiten von den Amtsträgern und den anderen Christen unbefangen als selbstverständlich gelebt und praktiziert würden, dann sei das gegeben, was wir eine entklerikalisierte Kirche nennen, eine Kirche, in der auch die Amtsträger in fröhlicher Demut damit rechneten, dass der Geist wehe, wo er wolle, dass er keine exklusive Erbpacht bei ihnen eingerichtet habe."

Der Geist wehe also, wo er will?

Für viele Betroffenen reichen diese Ausführungen nicht mehr aus. Sie sehnen sich nach Transparenz, nach authentischer Zuwendung, nach Möglichkeiten, gehört zu werden. Sie sehnen sich nach konkret sichtbaren Veränderungen, nicht erst morgen oder übermorgen oder irgendwann – sondern ganz konkret in der Jetztzeit.

Der Mann aus Jericho

Die Rede von Entmachtung, Entklerikalisierung und Paradigmenwechseln oder auch von Umkehr bleibt recht und billig, wenn sie nicht endlich ernst macht mit den von Barmherzigkeit getragenen Handlungsrichtlinien. Spürbar werden diese von Betroffenen herbeigesehnten Änderungen nur auf der ganz konkreten Handlungsebene, zwischen zwei Menschen, die sich in spezifischer Konstellation gegenüberstehen. Nur dort wird spürbar, wenn wirklich gewollt wird, was oft angekündigt, mitgeteilt und öffentlich gemacht wird – aber konkret kaum sichtbar ist.

Die von Jesus ins Feld geführte Erzählung über den Mann von Jericho enthält eben jene Zutaten und Handlungsmaxime, die zukünftig in und von der Kirche erwartet werden. Sie sind derart relevant, dass sie auch von Papst Franziskus in seinem Selbstverständnis der von ihm erträumten Kirche gleichnishaft Verwendung finden.

Es ist der einzige Weg zum Ziel. Der Samariter kehrt nach verrichtetem Dienst aus Jericho zurück. Er kommt mit einer Botschaft auf uns zu, die uns den Weg weisen kann, wenn wir sie denn hören wollen und verstehen wollen.

Die Betroffenen warten darauf.

Das letzte Wort...

In diesem Buch kommen die Betroffenen zu Wort. Sie sollen auch das letzte Wort haben.

Eine Betroffene, Opfer jahrelangen schweren emotional-geistlichen Missbrauchs, die eine Traumatisierung zu ertragen und zu bewältigen hat, sagte mir auf meine Frage, was sie gegenwärtig am unerträglichsten empfinde, es sei nicht mehr auszuhalten, wie mit ihren Grundrechten als Betroffene umgegangen werde. Sie habe ein Recht darauf, gehört zu werden, sie habe ein Recht darauf, dass man ihr glaube, sie habe ein Recht darauf, dass man endlich angemessen reagiere, dass man sie in ihrem Leid würdige.

Und ebenso habe sie ein Grundrecht darauf, nicht mehr warten zu müssen.

Zum Abschluss übergab sie mir einen Text von dem Autor Ulrich Schaffer und gab an, sich dort wiederzufinden.

Stellvertretend für die in diesem Buch zu Wort Gekommenen, für die Leidträger und sämtliche Betroffene, sei der Text abschließend aufgeführt

Du hast das Recht, nicht mehr zu warten….

„Wie lange hast du schon gewartet?
Und es hat sich nichts geändert, du bist vertröstet worden.
Du hast viel versucht, aber es ist nicht weitergegangen.
Man hat die Geduld als hohe Tugend angepriesen
und du hast dich in Geduld geübt und viel gelernt.

Du hast Entwicklungsschritte einkalkuliert,
aber die Entwicklung ist nicht erfolgt.
Jetzt fällt dir auf, dass dein Leben an dir vorbeizieht
und du darin kaum vorkommst.

Du hast ein Recht
auf deinen Wunsch nach Klarheit in deinem Leben,
weil du willst, dass es weitergeht.
Zu kostbar ist jeder Tag, jeder Monat.
Es gibt ein Verwarten und Vertagen des eigenen Lebens,
an dem du deine Energie verblutest
und deine Freude verlierst.

Du hast das Recht auf das Ende deiner Geduld.
Haben die anderen nicht deine Geduld ausgenutzt?
Haben sie nicht immer wieder kalkulierend gesagt:
Sie wird es nicht tun!
So haben sie deine Unentschiedenheit ausgenutzt,
dich gefangen gesetzt in deiner Geduld
und dir dein Leben genommen.
Aber du hast dich ihnen mit deiner Geduld auch ausgeliefert,
du hast dich nach ihnen gerichtet
und bist dir untreu geworden.
Nimm dein Leben zurück, besitze es wieder.

Es gibt Momente, da ist es wichtig,
etwas zu beenden, einen Schlussstrich zu ziehen,
nicht zu verbrennen,
auf und davon zu gehen …“[59]

Ulrich Schaffer (Vancouver – British Columbia)

IV. EPILOG

Ein Mann kam aus Jericho…

Aus Jericho kehrte der Samariter zurück,
und bringt *dir* vier Pointen seiner revolutionären Botschaft:

Der Weg von Jerusalem nach Jericho
ist Teil eines internationalen Handelsweges,
der zwei Kontinente miteinander verbindet: Asien und Afrika.
Hier verkehren also Menschen aus aller Herren Länder.
Es hätte daher nahegelegen, dass Jesus nähere Angaben
über Herkunft, Hautfarbe, Religion und Nationalität
des Überfallenen und auch der Räuber macht.

Tut er aber nicht.
Weil es keine Rolle spielt.
Da ist einer, der Hilfe braucht.
Das allein ist entscheidend.
Und woher die ausraubenden Personen kommen,
ist egal.
Das ist die *erste Pointe* vom barmherzigen Samariter.

Die *zweite Pointe* ist:
Die Nationalität derer,
die nicht helfen,
ist nicht gleichgültig.

Zwei Juden, noch dazu zwei religiös Herausgehobene,
ein Priester und ein Tempeldiener,
gehen vorbei.

Die *dritte* Pointe:
Der dritte, der schließlich hilft,
ist kein Jude, sondern ein Samaritaner.
Samaritaner aus dem Nachbarland Samaria
waren „Verwandte" Israels, allerdings fehlgeleitete Abtrünnige,
gegen die man im vermeintlich rechtgläubigen Juda
eine besonders hohe Abneigung hatte.

Hätte Jesus dem Helfer eine afrikanische, römische
oder sonstige Nationalität gegeben,
wäre die Provokation nur halb so groß gewesen.
Dass es aber ausgerechnet einer aus Samaria ist,
der hilft,
versetzte den Zuhörern einen Stich.

Dank ihrer Auserwähltheit und ihrer Exklusivbeziehung
zu ihrem Gott,
wähnten sich Jesu jüdische Zeitgenossen
„quasi von Natur aus“
auf der richtigen Seite.

Dieser Sicherheit versetzt Jesus
anhand seines Gleichnisses
einen empfindlichen Stich.

„Es gibt diesen Automatismus nicht!“,
sagt er seinen Landsleuten.
„Gott interessiert nicht die Volkszugehörigkeit,
sondern das Herz des Einzelnen.“
Damit erregt er Anstoß.

Damit bereitet er
die Internationalisierung und Öffnung
seiner Botschaft
für die Welt
vor.

Die neue Familie Gottes
besteht aus Menschen,
die nicht miteinander verwandt sind,
aber zu viel engeren Verwandten werden,
wenn sie sich unter den Einflussbereich Gottes stellen,
und dessen Willen tun.

Da ist jeder willkommen,
egal, ob Jude, Grieche, Römer oder Afrikaner…
egal, ob Christ, Moslem, Hindu, Orthodoxer, Jeside oder Buddhist…
egal, ob Europäer, Afghane, Syrer, Armenier, Ukrainer, Russe oder Asiate…

Die *Schlusspointe* des Mannes nach und von Jericho:
Es ging ja um die Frage,
WER mein NÄCHSTER sei.
Entsprechend hätte Jesus am Schluss
den Schriftgelehrten fragen müssen:
„Und, WER ist nun in dieser Geschichte mein NÄCHSTER?"
Der Schriftgelehrt hätte antworten müssen:
„Der von den Räubern halbtot Geschlagene!"

Stattdessen dreht Jesus die Frage um
und formuliert ziemlich kompliziert:
„WER von diesen dreien meinst du, ist dem der NÄCHSTE geworden, der von den Räubern überfallen wurde?"

Der Gesetzeslehrer versteht und antwortet:
„DER barmherzig an ihm gehandelt hat!"

Damit will Jesus sagen:
„WER mein NÄCHSTER ist, ist falsch gefragt!"

Richtig müsste die Frage lauten:
„WEM bin ich der NÄCHSTE?"

Und darauf lautet die einzig mögliche Antwort:
„JEDEM, der Hilfe braucht, habe ICH der NÄCHSTE zu sein!"
Und zwar, ohne erst eine Reihe von Fragen zu klären,
wie etwa:

„Welche Nationalität
hat der Hilfsbedürftige,
welche Religion,
könnte ich mich an ihm verunreinigen,
bin ich wirklich zuständig,
müsste nicht jemand anders helfen,
ist er nicht selbst schuld
an seiner Lage?

Geben das die Statuten her?
Wäre ROM einverstanden?
Kann ich das mit meiner Weihe verantworten?
Welche Konsequenzen hätte ich zu tragen?
Ich habe Angst, zu helfen, wer erteilt mir Gewähr?
Steht das im Einklang mit unserer Dogmatik?
Führte mein Eingreifen zur Spaltung?
Wie würden meine Mitbrüder/Mitschwestern reagieren?

Wenn all' das keine Rolle spielt:
Jemand braucht Hilfe,
also habe ich ihm der NÄCHSTE zu sein.
Nächstenliebe heißt ganz eindeutig:
TUN, was NÖTIG ist! ...

„Wenn alles andere keine Rolle spielt?",
so fragt Dich der aus Jericho Zurückkehrende,

wenn all' das keine Rolle spielt....

warum steigst du nicht in den Straßengraben,
und HILFST?"

Und zwar augenblicklich(?)![60]

LITERATUR & ANMERKUNGEN

Unverfügbar

1) Ottmar Fuchs: Wenn die Diakonie in die Kirche einbricht; in: Mario Delgado/Andreas Lob-Hüdepohl (Hg.): Markierungen. Morus Verlag Berlin 1995, S. 295–335. 299.

PROLOG

2) Lukas-Evangelium 10, 30–35; in: Die Bibel (mit Bildern von Sieger Köder), Einheitsübersetzung, Schwabenverlag AG Ostfildern 1992; 13. Auflage 2011.

Erster Teil – Die narzisstische Urkonstellation

3) Reinhard Haller: Die Macht der Kränkung, Ecowin-Verlag Salzburg 2017, S. 89.
4) Ebd., S 89.
5) Ebd., S. 89.
6) Martin Flesch: Die Dynamik der Machtsucht. Psychodynamische Anmerkungen eines Psychiaters, in: basis – Zeichen der Zeit deuten, Ausgabe Mai 2020, S. 20/21.
7) Haller: Die Macht der Kränkung, Ecowin-Verlag Salzburg 2017, S. 89.
8) Ebd., S. 89.
9) Flesch, Die Dynamik der Machtsucht, S. 20/21.
10) Haller, S. 89.
11) Michael N. Ebertz: Entmachtung. 4 Thesen zu Gegenwart und Zukunft der Kirche, Patmos-Verlag Düsseldorf 2021
12) Papst Franziskus: Amoris laetitia 297 (die Nummerierungen gliedern das Dokument)
13) Richard Rohr: Entscheidend ist das UND; Claudius-Verlag München 2012.
14) Richard Rohr: Geheimnis und Gnade- Stationen einer spirituellen Reise, Claudius-Verlag München 2017.
15) Ebd.
16) Ebertz: Entmachtung
17) C. G. Jung: Von Mensch und Gott- Auswahl von Franz Alt. Walter-Verlag Olten 1989
18) Papst Franziskus: AL 296-Anmerkung 326.
19) Ebertz: Entmachtung.
20) Thomas Mann: Der Erwählte, Frankfurt/Main-Fischer Taschenbuch, 31. Auflage Februar 2020, S. 176.

Zweiter Teil – Leidensräume

21) Wolfgang F. Rothe: Missbrauchte Kirche; Droemer-Verlag, Düsseldorf 2021
22) Möller, Laux, Kapfhammer: Psychiatrie, Psychosomatik, Psychotherapie, Band I & II, Springer-Verlag Berlin, Heidelberg 2011, 4. Auflage.
23) *Weitere Aspekte zu dieser Thematik, die bei der Abfassung des Besuches berücksichtigt wurden, finden sich bei:*

Wolfgang F. Rothe: Missbrauchte Kirche – Droemer Verlag, Düsseldorf 2021, S. 70–85;
Christiane Florin: Der Weiberaufstand, 3. Auflage Kösel Verlag 2017, S. 63–72;
Philippa Rath (Hg.): „Weil Gott es so will", Herder-Verlag 2021;
Katharina Ganz: Frauen stören, Echter Verlag, Würzburg 2021, S. 67, 142, 146, 148.
24) Ebd.
25) Katharina Kluitmann OSF: Was ist geistlicher Missbrauch. Grenzen, Formen, Alarmsignale, Hilfen. Manuskript zum Statement bei der DOK-Mitgliederversammlung 2019 in Vallendar.
26) Ebd.
27) Ebd.
28) Ulrich Sachsse: „Blut tut gut". Genese, Psychodynamik und Psychotherapie offener Selbstbeschädigungen der Haut, in: Hirsch, Matias (Hg.):Der eigene Körper als Objekt, Springer 1989.
29) Bernadine J. Ensink: Confusing realities: A study on child abuse and psychiatric symptoms, Amsterdam University Press 1992.
30) Beate Herpertz-Dahlmann/ Franz Resch/Michael Schulte-Markwort/ Andreas Warnke: Entwicklungspsychiatrie, Schattauer-Verlag Stuttgart 2003.
31) Ebd.
32) Ebd.
33) Wunibald Müller: Verbrechen und kein Ende?, Echter-Verlag Würzburg 2020, S. 55–60.
34) Möller/Laux/Kopfhammer: Psychiatrie, Psychosomatik, Psychotherapie, Band I & II, Springer-Verlag Berlin, Heidelberg 2011, 4.
35) Wunibald Müller: Verbrechen und kein Ende?, S. 55–60.
36) Michael Kölch: Medizinische Aspekte bei Vernachlässigung,Misshandlung und Missbrauch. Prävention und Behandlung, in: Thomas Bahne (Hg.): Verletzbarkeit des Humanen, Friedrich Pustet-Verlag Regensburg 2021.
37) Ebd.
38) Ebd.
39) Hans-Joachim Salize/Harald Dreßing: Von der wissenschaftlichen Aufklärung zur Aufarbeitung des sexuellen Missbrauchs. Die MHG-Studie und ihre Rezeption, in: Thomas Bahne (Hg.): Verletzbarkeit des Humanen, Friedrich Pustet-Verlag Regensburg 2021.
40) Ebd.
41) Ebd.
42) Ebd.
43) K. Frielingsdorf: Mein Leben mit Gott versöhnen. Ein Kursbuch für geistliches Wachsen und Begleiten. Echter-Verlag Würzburg 2008, S. 279–290.
44) Ebd.
45) Papst Franziskus.

Dritter Teil – die Wahrheit wird Euch freimachen

46) Barbara Haslbeck/Regina Heyder/Ute Leimgruber: Erzählen ist Widerstand, in: Haslbeck/Heyder/Leimgruber: Erzählen als Widerstand. Aschendorff-Verlag Münster 2020, S. 13–24.

47) W. Rothe: Missbrauchte Kirche. Droemer-Verlag 2021, S. 252.
48) Ebd.
49) Doris Reisinger: Nachwort von Doris Reisinger, in: Wolfgang Rothe: Missbrauchte Kirche, Droemer-Verlag 2021, S. 256–257.
50) Doris Reisinger/Christoph Röhl: Nur die Wahrheitet rettet. Der Missbrauch in der katholischen Kirche und das System Ratzinger. Piper-Verlag München 2021, S. 329.
51) Wunibald Müller: Verbrechen, S. 55–60.
52) Imre Kertész: Roman eines Schicksallosen. Rowohlt Taschenbuch, Reinbeck 1998, 30. Auflage 2016.
53) Imre Kertész: Heimweh nach dem Tod, in: Ingrid Krüger und Pál Kelemen (Hg.), Rowohlt-Hamburg 2022
54) Antonio Spadaro, in „Christ und Welt" 25/2015, S. 4
55) Papst Franziskus: Barmherzigkeit will ich. Verlag Katholisches Bibelwerk Stuttgart 2015.
56) Wunibald Müller: Verbrechen, S. 55–60.
57) Papst Franziskus: Das Haus aller, in FAZ, Nr. 38 vom 22.09.13, S. 10.
58) Michael N. Ebertz: Entmachtung. 4 Thesen zu Gegenwart und Zukunft der Kirche, Patmos-Verlag Düsseldorf 2021
59) Ulrich Schaffer: Grundrechte – ein Manifest, Kreuz-Verlag Hamburg 2018.

EPILOG

60) Christian Nürnberger: Keine Bibel. Thienemann-Esslinger Verlag Stuttgart, S. 150.

Rechtenachweis

Quellenangaben

Bildnachweise